Oración
LA CLAVE
DEL AVIVAMIENTO

Oración

LA CLAVE
DEL AVIVAMIENTO

Dr. Paul Yonggi Cho

EDITORIAL BETANIA

ORACION: LA CLAVE DEL AVIVAMIENTO

© 1987 EDITORIAL CARIBE
P.O. Box 141000
Nashville, TN 37214-1000

Publicado originalmente en inglés con el título de
PRAYER: KEY TO REVIVAL
Copyright © 1984 por Word, Incorporated
Publicado por Word Books
Waco, Texas 76796, E.U.A.

Versión castellana: Juan Sánchez Araujo

ISBN 0-88113-241-1

Printed in U.S.A.
E-mail: caribe@editorialcaribe.com

18ª Impresión

"Si se humillare mi pueblo, sobre el cual mi
    nombre es invocado,
y oraren, y buscaren mi rostro,
y se convirtieren de sus malos caminos;
entonces yo oiré desde los cielos,
y perdonaré sus pecados, y sanaré su tierra."

2 Crónicas 7:14

INDICE

INTRODUCCION

En el momento de escribir este libro, mi iglesia está creciendo al ritmo de 12.000 nuevos convertidos cada mes —almas salvadas del budismo, secularismo y cristianismo nominal—; y nadie puede discutir que dicha tasa, sin precedentes, de crecimiento eclesial es debida a los fuegos de avivamiento que recorren actualmente Corea del Sur.

El número de miembros de nuestra iglesia se aproxima a los 503.590, y según la tasa de crecimiento actual para finales de año tendremos más de 600.000 miembros activos.

¿Cómo ha podido una iglesia crecer tanto?

¿Es posible que otros países tengan un tipo de avivamiento semejante?

Estoy convencido de que el avivamiento es posible allí donde la gente se dedica a la oración; y la razón de que haya escrito este libro es que creo en el avivamiento y la renovación. La historia ha demostrado que la clave de todo avivamiento cristiano ha sido siempre la oración.

Lucas escribe que antes de que surgiera la iglesia en el día de Pentecostés, los discípulos "estaban siempre en el templo, alabando y bendiciendo a Dios" (Lucas 24:53); y amplía lo que hacían dichos discípulos; "Todos éstos perseveraban unánimes en oración y ruego. . ." (Hechos 1:14). Es decir, que la iglesia vio la luz cuando el Espíritu Santo descendió durante un período de oración concentrada.

Antes de que comenzase la era misionera de la iglesia, el Espíritu Santo reveló a los líderes reunidos en Antioquía que debían enviar a Bernabé y a Saulo. No obstante, el Espíritu sólo habló después de que ayunaran y oraran.

Martín Lutero no estaba satisfecho con el mundo religioso en que había nacido, y su profunda necesidad de una piedad personal lo llevó a pasar mucho tiempo en oración mientras era profesor de Teología en la universidad de Wittenberg. Durante el invierno de 1512, Lutero se encerró en una habitación de la torre del Monasterio Negro, en Wittenberg, y oró acerca de lo que estaba descubriendo en las Escrituras. Después de aquel período de oración y estudio, surgió la Reforma, que nos proporcionó la verdad bíblica de la justificación por la fe: el hombre ya no podía seguir trabajando por su salvación, sino que ésta era don de Dios mediante la fe.

Una vez que comenzaron a disminuir los fuegos de avivamiento que se habían extendido por toda Europa, surgió la Ilustración, y a medida que este nuevo movimiento alcanzaba a todos los sectores de la sociedad europea empezando por las artes, hubo un avivamiento del concepto pagano de la dignidad suprema del hombre. La razón se convirtió en el medio para juzgar la verdad y la realidad, y la fe se consideraba insignificante. Era necesario un nuevo movimiento del Espíritu Santo.

Juan Wesley, hijo de un clérigo anglicano de Epworth, Inglaterra, se sentía insatisfecho con el estado de la iglesia oficial de su país y profundamente conmovido por la gran necesidad de los pobres que habían afluido a las ciudades, donde vivían en condiciones deplorables. La noche del 24 de mayo de 1738, a las nueve menos cuarto, mientras escuchaba la lectura del prefacio de Lutero a la Epístola a los Romanos, Wesley experimentó una conversión auténtica: nació de nuevo. Eso los llevó a él, a su hermano Charles, y a George Whitefield a orar y ayunar con mucha intensidad. Cuando la Iglesia de Inglaterra cerró sus puertas al ministerio de los tres hombres, éstos comenzaron a predicar a grandes multitudes, no sólo en Gran Bretaña sino también en Estados Unidos. Miles de personas se reunían para oír la predicación nuevamente ungida de la Palabra de Dios. Había nacido el avivamiento mundial metodista.

En el siglo XIX, la iglesia protestante volvió a desviarse del rumbo marcado por los reformadores primitivos y cayó en lo que se llamó la "alta crítica"; como resultado de ello, la gente empezó a abandonar las iglesias tradicionales, no para irse a otros grupos, sino simplemente para quedarse en casa. Hacia fines del siglo, Dios levantó a evangelistas como Charles Finney, Dwight L. Moody y R. A. Torrey, los cuales predicaron bajo la unción del Espíritu Santo, motivados por una continua oración y ayuno.

Nuevamente, en los albores del siglo XX el clima espiritual estaba mejorando. En 1905, en Los Angeles, California, volvió a descender el Espíritu. Algunos metodistas y cristianos del movimiento de santidad habían estado ayunando y orando pidiendo un avivamiento cuando el Espíritu Santo descendió como en el segundo capítulo del libro de los Hechos, y confirió el don de lenguas a los que estaban congregados. Este avivamiento, al que más tarde se llamó *pentecostalismo*, se ha extendido por todo el mundo.

Nos encontramos en la última parte del siglo XX, y muchos pentecostales y carismáticos (miembros o antiguos miembros de iglesias tradicionales que practican el don de lenguas) están sintiendo el mismo secularismo que se ha infiltrado en gran parte de la iglesia. Lo que el cristianismo necesita hoy día es un nuevo derramamiento del Espíritu Santo. ¿Qué puede producir un avivamiento capaz de sacar al mundo del borde mismo de la destrucción y el aniquilamiento? ¡La respuesta es un nuevo llamamiento a la oración!

En ningún momento de la historia del mundo moderno ha habido una efusión tan grande de influencia satánica como hoy. El fondo mismo del infierno está vomitando su inmundicia en forma de asesinatos, violaciones, pornografía, y todo acto de ilegalidad. Al igual que en el siglo XVIII, la predicación de los Wesley impidió que Gran Bretaña siguiera a Francia en la revolución, y así también en este siglo una nueva ola de avivamiento puede producir los cambios sociales y políticos necesarios para guardarnos de la destrucción y calamidad internacionales.

Por tanto, este libro tiene importancia para usted y para aquellos en quienes influirá usted. Puesto que ha comenzado a leerlo, doy por sentado que le interesa la oración.

Estoy convencido de que la razón por la cual el Espíritu Santo le ha guiado a este libro, es la siguiente: usted ya sabe que necesita orar. Mi deseo es compartir con usted cosas de mi vida personal y mi ministerio a fin de animarle a orar.

También quiero que sepa *por qué*, *cómo* y *cuándo* debe orar; y para ello necesita comprender la gran variedad de oraciones que hay.

¿Qué relación existe entre la oración y el ayuno? ¿Cuál es la causa de que este último aumente la eficacia de la oración? ¿Resulta importante orar en una lengua desconocida? Este libro trata estas y muchas otras cuestiones.

Creo sinceramente que después de leer este volumen usted jamás volverá a ser el mismo. ¡Sus oraciones tendrán más poder! ¡Habrá un cambio notable en su vida! ¡Tendrá un ministerio más eficaz!

Para ello, me baso en una simple premisa: Dios no tiene hijos favoritos. Lo que ha funcionado en mi caso, resultará también en el suyo... lo que revistió de poder la vida de hombres como Lutero, Wesley, Finney y Moody, puede también revestir la suya. No importa si es usted ministro ordenado o ama de casa; tampoco tiene trascendencia alguna su posición social, ni su nivel de educación: si Dios ha utilizado a hombres y mujeres en el pasado, puede utilizarle a usted.

Una de las mayores mentiras de Satanás es que no tenemos bastante tiempo para orar; sin embargo, todos contamos con el tiempo suficiente para dormir, comer y respirar. En cuanto comprendamos que la oración es tan importante como estas cosas, nos quedaremos asombrados de cuánto más tiempo disponemos para dedicarle.

Mientras lee usted este libro, le ruego que dedique tiempo para orar sobre cada capítulo. Lo que contienen las siguientes páginas es algo más que información. He tratado de darle más que simples fórmulas: cosas basadas en veintisiete años de experiencia en cuanto a la oración eficaz, durante los cuales he visto a la oración producir resultados claros y precisos.

Tengo una confianza absoluta en el Espíritu Santo, que ha hecho que usted escogiera este libro; por lo tanto, le pido que lo lea con oración.

Prefacio:

LA VIDA DE ORACION

El cristianismo llegó a Corea al principio de una forma muy significativa. Dios, en su providencia, no quiso que lo hiciera como una fuerza imperialista, sino a través de dos piadosos misioneros americanos. Muy a menudo, los comienzos de algo parecen afectar su desarrollo futuro, y así sucedió con la presentación del evangelio a los coreanos.

La firma en 1882 de un tratado entre Corea y los Estados Unidos proporcionó una nueva "puerta abierta" para la labor misionera, por la cual las iglesias americanas estaban deseando entrar. En 1884, la Junta Presbiteriana del Norte transfirió al doctor H. N. Allen de la China a Corea; y en 1885, los reverendos Horace G. Underwood (presbiteriano) y H. G. Appenzeller (metodista) se convirtieron en los dos primeros misioneros enviados a Corea desde los Estados Unidos. Aquellos dos hombres habrían de producir un impacto muy significativo en el futuro desarrollo del cristianismo coreano.

Desde el comienzo mismo, las iglesias coreanas fueron iglesias nacionales, en el sentido de que las dirigían, sostenían y desarrollaban coreanos. Describiendo el éxito de esta aventura, el doctor Underwood escribió: "Desde muy temprano en la historia de la obra, casi al principio, Dios nos guió en su providencia a adoptar métodos de los cuales algunos han dicho que eran extraordinarios, pero en realidad se trata sencillamente de los mismos que numerosos misioneros han utilizado en diversas partes del mundo. El único rasgo distintivo ha sido la casi completa unanimidad con que todas las misiones los han seguido en este país."[1]

Una de las características más importantes de nuestra iglesia primitiva fue que cada mañana los miembros se reunían para orar. Luego, en 1906, estalló el avivamiento. Mientras los creyentes congregados en la iglesia presbiteriana de Pyong-gyang, ahora capital de Corea del Norte, oraban, el Espíritu Santo vino sobre ellos y empezaron a confesar sus pecados; como resultado de aquello, por todo el país hubo coreanos convertidos al prevalecer el espíritu de oración.

Cuando en 1958 comencé mi ministerio pastoral, fui a Dae Jo Dong,

---

[1]*Underwood of Korea* (Underwood de Corea), Lillias Underwood (Fleming H. Revell, Nueva York, 1918), p. 5.

12

un sector pobre fuera de Seúl; allí monté una tienda de campaña vieja del ejército americano y empecé a predicar. Recuerdo muy bien que en realidad vivía en mi tienda y pasaba las noches en oración. Durante nuestros fríos inviernos coreanos solía cubrirme con mantas y dedicar muchas horas a la comunión con Dios, acostado cerca de mi púlpito. Muy pronto, otros miembros de mi pequeña congregación comenzaron a unirse a mí para orar; y en un corto plazo, más de cincuenta personas nos reuníamos a fin de pasar noches enteras en oración. Así empecé mi ministerio.

Aprendí a interceder durante el período formativo de mi pastorado; y aunque trataré acerca de este ministerio en particular más adelante, es importante que comprendamos que mi intercesión era en primer lugar por la congregación que pastoreaba, luego por mi nación, y lo último de todo por mí mismo.

Hemos aprendido no sólo a orar sino a vivir nuestra vida en oración. Jesús nos ordenó que orásemos sin cesar. Para los que no están interesados en el avivamiento, esto es imposible; pero si su corazón anhela que las almas se salven y su nación se vuelva a Dios, entonces la vida de oración es un requisito imprescindible.

El tiempo de oración, no sólo en nuestra iglesia sino en la mayoría de las iglesias de Corea, comienza a las cinco de la madrugada. Normalmente oramos durante una o dos horas; y después de ese período en comunión con Dios empezamos las tareas normales del día. Ya que lo más importante en nuestra vida es la oración, hemos aprendido a retirarnos pronto a descansar. Sin embargo, los viernes pasamos la noche entera orando; y muchos visitantes se asombran al ver nuestra iglesia atestada de gente para una vigilia de oración.

Los domingos, antes de cada uno de nuestros siete cultos, dedicamos algún tiempo a orar. Me quedo extrañado cuando visito iglesias que tienen reuniones sociales antes de los cultos del domingo. Los resultados pueden ser mayores si cada persona va a la iglesia en una actitud de oración y ora en silencio antes del culto. Esa es la razón por la cual la santa y poderosa presencia de Dios está en nuestros encuentros. El Espíritu Santo convence de sus faltas a los pecadores, incluso antes de que yo me levante a predicar el evangelio; y el corazón de los cristianos se abre para recibir la verdad de la Palabra de Dios gracias al espíritu de oración que hay entre nosotros.

Durante nuestros cultos del domingo los creyentes oran juntos; y el sonido de miles de coreanos haciéndolo a la vez me recuerda el estruendo de una poderosa cascada: "Y oí una voz del cielo como estruendo de muchas aguas, y como sonido de un gran trueno. . ." (Apocalipsis 14:2).

Los ministros que nos visitan quedan impresionados por el poder del Espíritu Santo que se siente en nuestros cultos. Cierto pastor americano me dijo: "Doctor Cho, Dios está en este lugar; puedo notar su presencia".

Las lágrimas le corrieron por las mejillas al decirme que jamás había sentido la presencia del Espíritu Santo en ese grado.

En un principio, la Montaña de Oración fue un terreno que compramos para utilizarlo como cementerio de la iglesia; sin embargo, durante la construcción de nuestro presente templo en la isla de Yoido, cuando pasábamos por grandes pruebas, la gente comenzó a ir allí para orar y ayunar. Hoy día es una "ciudad de oración", que cuenta con un gran auditorio de más de diez mil asientos, así como con varias capillas de oración. En la ladera de la montaña hay lo que llamamos "grutas de oración", excavadas en el flanco del cerro y que se utilizan para orar en completa soledad. Yo tengo mi propia gruta de oración, que uso a menudo. Muchos de los problemas con los que me he enfrentado en nuestra iglesia se han resuelto en mi celda de la Montaña de Oración.

Hemos llegado a tener hasta veinte mil personas ayunando y orando en la montaña; no obstante, lo normal son tres mil durante la semana y diez mil los sábados y domingos.

¿Por qué va tanta gente a ayunar y orar a la Montaña de Oración? ¿Es que no tienen nuestros creyentes cosas mejores en que ocupar su tiempo? Mis respuestas a tales preguntas son simples y directas: Si usted, o algunos miembros de su familia estuvieran muriendo de cáncer, y usted mismo supiera que había cura, ¿no haría todo lo necesario para procurar la sanidad? Mucha gente sufre de cáncer, tanto físico como espiritual. La prosperidad material no nos ha traído esa felicidad y ese sentimiento de realización que en otro tiempo pensamos que produciría. La solución a los problemas corporales y espirituales es la sanidad. Hemos descubierto que en una ciudad totalmente dedicada a la oración y el ayuno se suplen las necesidades de la gente. Por eso van allí.

Las raíces de los cristianos coreanos están en América; y nosotros somos gente leal. Los Estados Unidos nos liberaron de la gran opresión de los japoneses, y nos salvaron de una invasión de nuestro vecino comunista del norte; por lo tanto, miles de cristianos coreanos van a la Montaña de Oración para orar por los millares de temas que nos llegan de nuestra oficina de Nueva York. La gente que ve nuestros programas de televisión en Estados Unidos, o en cualquier otro sitio, escribe a Post Office Box 3434, New York, New York 10163, EE.UU.., y la oficina de allí nos manda inmediatamente las peticiones de oración. Yo, personalmente, oro por todas las que puedo, y desde luego por las más serias. Más tarde, una vez que dichas peticiones han dejado mi escritorio, se llevan a nuestra plataforma y se ponen en un lugar especial cerca de mi púlpito. El domingo, más de trescientas mil personas oran por ellas; y a continuación las peticiones se traducen al coreano y se envían a la Montaña de Oración. Allí se asigna a cada una cierto número de expertos "guerreros intercesores" que ayunan y oran hasta recibir el testimonio del Espíritu Santo de que su oración ha sido contestada.

Una señora de Houston, Texas, me escribió en cierta ocasión: "No se imagina la ayuda que proporciona. Resulta maravilloso poder apoyarse en la fe que Dios le ha dado a usted. Siempre escribo mis peticiones de oración con lágrimas en los ojos debido a la carga que Dios ha colocado sobre su corazón por América. Por favor, siga orando por nosotros." Y otra persona me escribía acerca de su conocimiento del momento exacto en que estábamos orando por ella, diciendo: "La sanidad ocurrió cuando mi compañero de oración coreano tocó el trono de Dios con mi necesidad." Hay demasiados testimonios para mencionarlos en esta sección, pero los resultados de la oración intercesora en la Montaña de Oración sólo se conocerán en la eternidad.

No me resulta fácil compartir mi propia vida devocional. Normalmente mantengo estos hechos entre mi Señor y yo; pero a fin de animarle en la oración, le hablaré de ellos.

Por lo general me despierto entre las 4:30 y las 5:00 de la madrugada. Naturalmente, cuando dirigía nuestras reuniones de oración matutinas en la iglesia solía levantarme antes. Sin embargo, muchos de mis pastores adjuntos esperan con ansiedad su turno para guiar este período de oración, de modo que normalmente puedo quedarme en casa en las primeras horas de la mañana.

Comienzo mi tiempo de oración personal alabando y dando gracias al Señor por la gran bendición que El es para mí. También lo alabo por todo cuanto ha hecho en bien de mi familia. Hay tanto por lo que ensalzarle que únicamente el darle gracias y alabarle lleva bastante tiempo.

Luego, empiezo a interceder. Oro por nuestro presidente y por los altos cargos del gobierno. Oro por nuestra nación, para que el ángel del Señor nos proteja de las fuerzas satánicas que desean destruirnos. Recuerdo a mis asociados en la obra de Dios. Oro por los programas misioneros en los que estamos comprometidos; principalmente por aquellos en Japón y los Estados Unidos. Y a continuación presento ante Dios a mi esposa y mis tres hijos. Cuando vengo a darme cuenta, ha transcurrido gran parte de mi tiempo de oración.

No conociendo siempre las necesidades de cada una de las personas por las que oro, debo confiar en la guía del Espíritu Santo al respecto. Por esa razón paso bastante de mi tiempo orando en mi lengua espiritual de oración. El Espíritu Santo conoce la mente de Dios y puede discernir su voluntad para cada individuo y situación. Si oro en el Espíritu, sé que pediré exactamente según la voluntad de Dios.

Antes de que me dé cuenta, mi hora ha volado. Después de la oración puedo enfrentarme a los desafíos y las oportunidades que me presente el día. Siendo pastor de una iglesia de más de 370.000 miembros, y teniendo un amplio ministerio internacional, me resulta imposible hacer todo aquello para lo que he sido llamado sin pasar por lo menos una hora en oración cada mañana.

Si yo tuviera que levantarme simplemente y comenzar el día sin dedicar las horas que dedico a la oración, sólo podría depender de mis recursos naturales; pero, habiendo pasado un rato orando, me es posible confiar en los recursos ilimitados que Dios tiene a su disposición.

Durante el día, me enfrento por lo general con muchos problemas; y antes de hacer o decir nada, oro. En esto consiste la diferencia entre actuar y reaccionar. Cuando estudio la vida de Jesús, me doy cuenta de que El siempre actuaba, jamás reaccionaba. Reaccionar significa permitir que dominen la gente, las situaciones o las circunstancias. Por el contrario, actuar es dominar las circunstancias que le rodean a uno. Cristo tenía dominio de las circunstancias aun cuando estaba siendo juzgado ante Pilato, el gobernador romano.

Y la forma de no reaccionar es descubriendo el pensamiento de Dios acerca de cada situación que se me presenta. Al vivir mi vida en oración, sé que tengo la mente de Cristo. Entonces, cuando tomo una decisión, sé que es la voluntad de Dios y puedo mantenerla con la seguridad de que actúo en su nombre.

Por la tarde, me quedo a solas con mi precioso Señor y Salvador Jesucristo, y dedico un período a la comunión con El. Actualmente parece que El me está apartando más de la actividad y quiere pasar mas tiempo conmigo. Sé que si satisfago su deseo me permitirá tener las horas suficientes para cumplir con las responsabilidades que recaen sobre mí como pastor de la iglesia más grande del mundo. Algunas veces oigo su llamada en medio del día, y he de responderle. Nunca sé cuándo va a apartarme del ministerio a su pueblo para atenderlo a El; sin embargo, tengo establecidas prioridades en mi tiempo: el ministerio para el Señor es antes que el ministerio a su pueblo.

Antes de subir al púlpito a predicar, debo pasar por lo menos otras dos horas en comunión con Dios en oración y si estoy en Japón, a donde voy cada mes, han de ser como mínimo de tres a cinco horas. Desde que predico en lengua japonesa estoy muy consciente de la gran oposición espiritual que ha impedido que el avivamiento llegara a ese país. Muchos no lo entienden, pero Japón nunca ha tenido un avivamiento. De los 120 millones de japoneses, sólo son cristianos algunos centenares de miles. A fin de atar las fuerzas demoníacas y disponer mi corazón para predicar la Palabra, debo dedicar todo ese tiempo a la oración. Con este tipo de vida piadosa no puedo pasar las horas de comunión con otros cristianos que ciertamente me gustaría. Sin embargo, he de cumplir con mi llamamiento como siervo de Cristo, y para hacerlo de un modo efectivo debo pasar mi vida en oración.

Cuando ministro en América no encuentro la misma oposición que en el Japón; de manera que puedo permitirme pasar sólo dos horas orando antes de predicar. Y en Europa dedico únicamente dos a tres horas a la oración concentrada.

Algunos pastores y evangelistas me han preguntado cómo pueden experimentar en sus iglesias el mismo crecimiento al que estamos acostumbrados en Corea; sin embargo, después de las reuniones se van a comer fuera y son capaces de pasar muchas horas disfrutando del compañerismo. Luego, por la mañana están demasiado cansados para orar. Habiendo sido testigo de lo mismo por todo el mundo durante muchos años, decidí escribir este libro. Espero que los hombres y las mujeres de Dios lleguen a tomar en serio el avivamiento de tal manera que esto les lleve a tomar en serio *su vida de oración*.

En la Iglesia Yoido del Evangelio Completo de Seúl, enseñamos a nuestros recién convertidos acerca de la oración; pero si yo no orara, ellos tampoco lo harían. Ya que la mayoría de los nuevos creyentes vienen a Cristo por medio de nuestros veinte mil grupos de células, pueden recibir una enseñanza personal referente a la tremenda importancia que tiene la oración.

Hace años decidí que no debíamos dar por sentado el avivamiento que ahora estamos experimentando en Corea. Habiendo estudiado la historia de la iglesia, entiendo que no sólo hay que orar para que comiencen los avivamientos, sino también para mantenerlos. En todos los avivamientos que el mundo occidental ha experimentado, después de varios años, la gente empieza a darlos por sentado —lo cual sucede porque se olvidan precisamente de lo que lo inició: la oración—; y al descuidar la comunión continua y ferviente con Dios, se pierde el ímpetu del avivamiento y lo único que queda es el impulso del pasado.

¿Qué quiero decir con *ímpetu* e *impulso* de un avivamiento? Un ejemplo perfecto de cómo operan estos dos principios lo tenemos en la manera de funcionar de los automóviles. El ímpetu es la fuerza que se genera en un auto cuando uno pisa el acelerador. Si se continúa aplicando dicha fuerza, el automóvil seguirá en movimiento; no obstante, si uno retira el pie del pedal, el ímpetu —o fuerza— dejará de actuar; y, sin embargo, el auto seguirá moviéndose. ¿Qué es lo que produce el movimiento del auto sin que haya fuerza? El impulso. El movimiento de un auto debido al impulso es muy diferente de aquel que produce el ímpetu. El impulso no mantiene el movimiento, de modo que el automóvil acabará parándose.

Cuando el Espíritu Santo trae el avivamiento como respuesta a la oración, debe mantenerse el ímpetu de dicho avivamiento para que haya una continuación del mismo. Si llegamos a olvidar la oración, el avivamiento pasará del ímpetu al impulso; y a la larga, esa visitación especial de Dios terminará siendo un monumento del pasado.

¡Nuestra iglesia se ha entregado de lleno al avivamiento y crecimiento en número hasta la Segunda Venida de Jesucristo!

En 1982 guiamos al Señor a 110.000 personas; y de aquellos nuevos convertidos sólo fuimos capaces de absorber sesenta mil miembros; por lo tanto, dimos a otras iglesias evangélicas un total de cincuenta mil miembros.

En 1983, tuvimos un total de 120.000 nuevos convertidos. ¿Por qué están siendo salvas tantas personas dentro de una sola iglesia? Hemos comprendido la importancia que tiene el formarse y mantener una vida de oración. Si dejamos de orar, el avivamiento decaerá; si seguimos orando, creo que toda Corea puede salvarse.

Pienso que es posible para su iglesia experimentar ese mismo grado de avivamiento. No hay tierra demasiado dura para el Espíritu Santo, ni iglesia demasiado muerta, ni país demasiado cerrado al evangelio. ¡La solución es orar!

Primera parte

Motivación para orar

1

LO QUE CONSIGUE LA ORACION

La oración produce poder

Dios nos ha creado de tal forma que para sentirnos motivados a trabajar por una cosa necesitamos conocer el propósito y el provecho de ella. Aunque no nos guste, no somos capaces de cambiar fácilmente. Si comprendiéramos de verdad los beneficios de la oración, habríamos estado orando antes de ahora.

La motivación actúa sobre la base del deseo. Para que alguien ore debe aprender a desear la oración; y para orar como requieren las Escrituras ha de crearse un gran deseo de hacerlo.

¿Cómo puede llegar a tener usted ese gran deseo? Para ello, debe comprender los beneficios eternos y temporales de la oración.

Cuando miramos en la Biblia, descubrimos poderosas oraciones. Vemos a Moisés, un hombre que tenía poder en la oración y era capaz de hablar con autoridad, no sólo a los enemigos de Dios, sino también al pueblo del Señor. Al orar él, las plagas vinieron sobre Egipto, o se abrió el Mar Rojo delante de Israel. Pero, ¿cómo adquirió Moisés su poder en la oración? Mediante una vida de oración.

Josué vio la poderosa mano de Dios obrar a través de su vida y su ministerio. Conocía la voluntad y la estrategia del Señor en la batalla; por lo tanto, ciudades poderosas cayeron delante del inexperto ejército que acaudillaba. ¿Cómo adquirió Josué tanto poder con Dios? Había aprendido a orar. Mientras Moisés oraba en el monte, Josué pasaba la noche también en oración al pie del mismo; y cuando le llegó al primero la hora de partir, Dios tenía preparado un líder que conocía la oración.

También David era un hombre entregado a la oración. Cuando fue ungido rey de Israel, Saúl todavía ocupaba el trono. David hubiera podido sentirse desanimado porque sólo unos pocos reconocieran su reino; sin embargo, la oración le proporcionó la confianza que necesitaba. Esperó a que el Señor lo colocara en el trono físico de Israel. David tenía una relación con Dios lo bastante fuerte como para no matar a Saúl cuando se le presentó la oportunidad. Y después de la muerte de este último, la primera acción que realizó, como rey reconocido de Israel, fue devolver el arca del pacto al lugar que le correspondía: el centro de la adoración del pueblo. Cuando consideramos el poder de su reinado y de su vida, podemos ver la fuente del mismo: la oración.

Elías fue el profeta de Dios durante uno de los peores tiempos de la historia de Israel. Por aquel entonces, el pueblo había empezado a adorar a Baal, y Elías oró poderosamente desafiando a sus profetas. Al recordar su historia, pensamos en el poder que tenía; pero debemos considerar el origen de tal poder. Elías era un hombre de oración, que pasaba horas e incluso días orando. Esta fue la razón por la que, cuando el profeta fue arrebatado en el torbellino por el carro de fuego, los hijos de los profetas lo buscaron en los montes de Israel.

Sin embargo, nadie ha manifestado jamás el poder de Dios como su Hijo: Jesucristo. Antes de comenzar su ministerio público, Jesús dedicó tiempo a estar con el Padre en oración, y se sabe de El que pasó períodos orando a solas. Ese fue el origen de su poder. El Señor no podía hacer nada a menos que el Padre se lo revelara.

¿Está usted cansado de las ineficaces oraciones que oye salir de su boca? ¿Está dispuesto a que su iglesia tenga un poderoso ministerio de oración para que su vecindario, ciudad o estado conozca el poder que reside en ella? Si tal es su deseo, y está listo para hacer cualquier cosa y pagar cualquier precio a fin de conseguirlo, entonces prepárese porque Dios va a cambiar de un modo dramático su vida y ministerio, introduciéndole a una nueva dimensión de poder.

No hay razón para que en su iglesia no ocurran milagros de manera regular, ni tampoco para que los pecadores no sean atraídos al Espíritu Santo en su congregación. Me han contado que en cierta ocasión Charles Finney estaba de paso por una pequeña comunidad del norte de Nueva York. Houghton, en el estado de Nueva York, era un pueblo normal; sin embargo, un día, cuando el tren de Finney pasaba cerca de allí, el Espíritu Santo descendió sobre los pecadores de la comunidad. Los hombres que había en los bares cayeron de rodillas convencidos de pecado y pidieron a Jesucristo que los salvara. Si el Espíritu Santo confirió tal poder a Charles Finney, ¿acaso no nos dará a nosotros esa misma clase de ministerio poderoso? Finney pocas veces compartía la clave de su poder; no obstante, un reportero decidió espiarle, y llegó a la conclusión de que el origen de dicho poder eran las horas que pasaba orando.

Estoy convencido de que en Corea hemos visto sólo el comienzo del avivamiento que Dios nos ha prometido. Aunque se sabe por toda la nación que el Señor está obrando en nuestra iglesia, todavía no hemos sido testigos del poder de Dios como hemos de serlo en el futuro si permanecemos fieles.

Ese poder de Dios no consiste únicamente en sanidades, liberaciones de los malos espíritus y conversiones en masa al cristianismo; sino también en el cielo abierto que hay sobre nuestro país. ¿Qué quiero decir con esto? Cuando un país tiene cielo abierto, existe libertad, tanto física como espiritual, para predicar el evangelio. Y el nivel de fe es alto y no se encuentra demasiada oposición espiritual. En algunas naciones resulta difícil predicar por tanta resistencia que hay; las fuerzas satánicas que se oponen al evangelio son poderosas y no existe mucha fe. Esto hace difícil las cosas para aquellos de nosotros que predicamos la Palabra de Dios.

En Corea me resulta más fácil predicar que en casi cualquier otro sitio; y cuando lo hago, los pecadores responden inmediatamente para salvación. ¿Cuál es la razón de que tengamos este ambiente espiritual? La respuesta es que oramos.

El orar no sólo produce poder corporativo; sino también individual. En mi propio ministerio he aprendido que debo depender del poder del Espíritu Santo. Las grandes cosas para Dios se llevan a cabo, no con fuerza, ni con el poder natural, sino con el Espíritu Santo. Al aprender a caminar en el Espíritu, he visto el poder de Dios. ¿Cómo me sería posible de otro modo pastorear una iglesia de mas de 370.000 miembros y aún tener tiempo para viajar por todo el mundo, casi cada mes, a fin de asistir a conferencias nacionales sobre el crecimiento de la iglesia, y contar con tiempo suficiente para un ministerio televisado en tres continentes? La respuesta es el poder que emana del Espíritu Santo al haber dedicado mi vida a la oración.

A mi despacho viene con regularidad gente pidiendo oración. He visto al cojo andar, al ciego ver, y al paralítico saltar de su silla de ruedas por el poder de Dios. ¿Soy yo alguien especial? En mi introducción dije que Dios no tiene hijos favoritos. El poder en la oración se halla al alcance de todo el que esté dispuesto a pagar el precio.

Para adquirir este tipo de poder, debemos cambiar de actitud. En el evangelio según Mateo, Jesús hace una declaración revolucionaria en cuanto a la actitud que se necesita para producir poder espiritual. Algunos lo abordaron con relación a Juan el Bautista, después que fue encarcelado; y Jesús testificó de la posición única de Juan, al afirmar: "De cierto os digo: Entre los que nacen de mujer no se ha levantado otro mayor que Juan el Bautista; pero el más pequeño en el reino de los cielos, mayor es que él" (Mateo 11:11). ¿Cómo podría un hijo de Dios que se encuentra en el reino de los cielos llegar a ser incluso mayor que Juan el Bautista? En el siguiente versículo, Jesús revela la actitud necesaria para adquirir poder espiritual: "Desde los días de Juan el Bautista hasta ahora, el reino de los cielos sufre violencia, y los violentos lo arrebatan" (Mateo 11:12).[2]

Se requerirá una dedicación "violenta" a la oración para que el poder de Dios venga a nuestra vida; y esa agresiva seriedad podrá verse, sobre

---

[2]Adam Clarke llamó a esa violencia a la que Cristo se refiere en Mateo: "La agresiva seriedad necesaria" *(Comentary on the Holy Bible)* —Comentario de la Santa Biblia— 1 Vol. Ed., Baker Book House, Grand Rapids, Mich., EE.UU.), p. 792.

todo, en la disciplina. La razón de ello es que el adquirir poder en la oración lleva mucho tiempo; por esta causa necesitamos establecer prioridades en nuestra vida. Muchas cosas se agolparán alrededor de nosotros para impedirnos que dediquemos el tiempo necesario a la adquisición de dicho poder; pero, por la gracia de Dios, somos capaces de alcanzar el premio de una oración poderosa en extremo si tenemos la actitud debida.

La oración trae quebrantamiento

En el transcurso de estos últimos veinticinco años, he aprendido que Dios no puede usar a una persona que no está quebrantada y totalmente rendida a El. Cuando Jesús se encontró con Pedro en su barca de pescador, éste tuvo una reacción: se sintió redargüido de pecado; como si fuera demasiado pecador para que Cristo estuviese en su embarcación. Y habiendo negado a Jesús tres veces, fue quebrantado por su gracia y su perdón; al permitirle predicar el primer sermón de la historia de la Iglesia. Como resultado del ministerio de Pedro, tres mil personas vinieron a Cristo en el día de Pentecostés; y el Señor lo utilizó también para abrir la puerta espiritual al mundo gentil. A Dios le fue posible usar a Pedro una vez que éste fue quebrantado.

He conocido a muchos que no están sirviendo a Dios en la actualidad debido a pecados pasados. Tal vez culpen al pastor o a algún otro cristiano por ello; pero en su corazón saben que se han quedado cortos y no han aprendido. Cuando un creyente comete una equivocación, siempre trato de ayudarle a restaurar su vida; y le explico que ese error puede ser un medio para aprender a estar quebrantado y humilde delante de Dios.

La falta de quebrantamiento hace que una persona usada por Dios se vuelva orgullosa y altiva; sin embargo, cuando un hombre ha sido quebrantado, su corazón resiste al orgullo y puede ser utilizado en mayor medida.

¿Cómo sucede esto en la oración?

Cuando en su tiempo de oración entra usted en contacto con Dios, la primera cosa que siente es su propio pecado. Nadie puede experimentar orgullo ante un Dios santo; y una vez que se da cuenta de su falta de requisitos naturales para estar en la presencia divina, comienza a confesar su pecado y a humillarse delante de Dios. Eso no quiere decir que su sitio no sea ante el trono de la gracia —de hecho la entrada franca de cada creyente a dicho trono ha sido pagada por la sangre de Jesucristo—; sin embargo, usted comprende que no cuenta con ninguna aptitud natural para estar allí, y su reacción inmediata es de quebrantamiento. ¡El quebrantamiento y el orgullo no pueden coexistir!

Es asombroso que al entrar en la presencia de Dios, tomará usted conciencia de reacciones, actitudes y acciones que tal vez había olvidado. Al igual que Pedro no podía soportar el tener a Cristo en su barca debido al reconocimiento de que era pecador, uno comprende la gran necesidad que tiene ante su santa presencia.

La siguiente y muy natural reacción delante de El, es querer ser perdonado. Esto sucede en mi propia experiencia. Quizás he hecho alguna cosa pequeña sin darme cuenta; no obstante, en el momento que comienzo mi tiempo de oración, el Espíritu Santo me señala precisamente aquella cosa, por la cual necesito ser perdonado y liberado. Tal vez considere usted esto demasiado difícil; pero debe recordar que ahora tiene un nuevo deseo de orar y también una nueva actitud de violencia contra su propia carne y su orgullo. Está aprendiendo a caminar suave y delicadamente en el Espíritu Santo. Aprenderemos mucho más acerca del asunto un poco después en este mismo libro.

Sin embargo, debo ahora subrayar la importancia que tiene el caminar delicadamente con el Espíritu Santo. ¡Porque el Espíritu Santo es un caballero!

Al vivir su vida delante del Espíritu con delicadeza, se acostumbrará a la presencia constante del Señor, la cual producirá en usted dos importantísimos cambios: el quebrantamiento y la entrega.

Antes de mirar en las Escrituras algunos ejemplos bíblicos de quebrantamiento y entrega, debo hacerle partícipe de mi experiencia personal con relación a estas dos importantes actitudes.

Dios nunca ha escogido a personas perfectas para llevar a cabo su perfecta voluntad; eso resulta evidente en su elección de Jacob y del rey David, y también de mí. Mi tendencia natural es querer salirme con la mía. Sin embargo, los caminos del Señor a menudo no son mis caminos, así que alguien tiene que ceder; por lo tanto, mi parte consiste en ceder siempre al Espíritu Santo, que me ha sido dado para dirigirme y guiarme en los caminos de Dios.

El Espíritu Santo es el Consolador; no obstante, ese Consolador puede hacer que usted se sienta incómodo si no está dispuesto a andar en la voluntad divina. Y ¿cómo se asegura el Espíritu la obediencia de usted a nuestro Padre Celestial? ¡Manteniéndole quebrantado!

Alguien quebrantado ha de haber estado primeramente entero. Cuando el Señor escogió a David, éste se encontraba entero en su alma; podría haber sido un excelente pastor de las ovejas de su padre. Pero el Señor tenía más para él: David habría de ser el siguiente rey de Israel; y no sólo rey, sino también profeta. Sus profecías supondrían la señal más clara de la futura obra del Mesías. Pero no sólo profeta, sino asimismo sacerdote. Nadie había podido entrar jamás en la santa presencia de Dios dentro del tabernáculo, salvo el sumo sacerdote y, sin embargo, David lo hizo sin morir por ello. Siendo profeta, sacerdote y rey, constituía el ejemplo perfecto de Cristo.

No obstante, al considerar la vida de David, vemos que fue capaz de cometer el más repulsivo e infame de los pecados, cayendo en el adulterio e incluso en el asesinato. Aunque David pagó por su pecado, y todavía lo hace a causa de la manera en que la gente señala dicho pecado, se le detuvo para que no siguiese en su propio camino. Esto no quiere decir que cada uno de nosotros debamos pecar para ser quebrantados —no podemos tentar a Dios en su gracia—; sin embargo, el Espíritu Santo, cuando caminamos delicadamente delante de El, mantiene un registro actualizado de nuestro comportamiento. Si queremos continuar andando en la presencia de Dios, tendremos que permanecer quebrantados y humildes.

Vivir así significa caminar en sinceridad delante de Dios y de su pueblo. Según nuestra costumbre oriental, un líder jamás debería ser avergonzado delante de su pueblo. La gente no quiere que esto suceda, y el dirigente lógicamente lo evita también. Esto es lo que llamamos "perder el prestigio". Sin embargo, el Espíritu Santo ha triunfado sobre nuestras costumbres naturales y me ha obligado a ser abierto y sincero con mi gente. Recuerdo la agonía por la que pasé antes de compartir con mi congregación algo que había hecho y que había desagradado a Dios. Pero esto creó una confianza entre ellos y yo que ya ha durado más de veinticinco años.

En la Epístola de Santiago vemos claramente este principio: "Pero él da mayor gracia. Por esto dice: Dios resiste a los soberbios, y da gracia a los humildes" (Santiago 4:6); y Pedro también lo enuncia del mismo modo: "Igualmente, jóvenes, estad sujetos a los ancianos; y todos, sumisos unos a otros, revestíos de humildad; porque: Dios resiste a los soberbios, y da gracia a los humildes. Humillaos, pues, bajo la poderosa mano de Dios, para que él os exalte cuando fuere tiempo" (1 Pedro 5:5, 6).

Si andamos con espíritu orgulloso, Dios nos resiste al acercarnos a El en oración; por el contrario, cuando nos presentamos ante El quebrantados y contritos, nos da mayor gracia. El éxito depende de la gracia de Dios. No podemos hacer nada que dé resultado por nosotros mismos, pero por su divina gracia lo podemos todo. Lo que necesitamos para tener éxito es más gracia. Y ¿cómo la conseguimos? Estando quebrantados en humildad delante de Dios.

La lección del quebrantamiento no es muy popular hoy día; la gente sólo quiere saber cómo obtener el éxito. Sin embargo, he aprendido que el éxito no se consigue por el conocimiento de fórmulas o principios fáciles; sino aprendiendo el secreto del quebrantamiento que nos da más gracia. Es esa gracia lo que nos otorga un éxito definitivo.

Job aprendió esta lección: "Próspero estaba, y me desmenuzó" (Job 16:12).

David, confesando su estado, después de haber pedido la ayuda de

Dios y de haber visto su liberación, expresa: "He venido a ser como un vaso quebrado" (Salmo 31:12).

No obstante, el propósito de Dios es quebrantarnos, pero no desmenuzarnos. Si nos quebrantamos delante de El en una actitud de humildad, no seremos hechos pedazos.

En Mateo, Jesús dejó clara la diferencia que hay entre ser quebrantado y desmenuzado: "Jesús les dijo: ¿Nunca leísteis en las Escrituras: La piedra que desecharon los edificadores, ha venido a ser cabeza del ángulo. El Señor ha hecho esto, y es cosa maravillosa a nuestros ojos? Por tanto os digo, que el reino de Dios será quitado de vosotros, y será dado a gente que produzca los frutos de él. Y el que cayere sobre esta piedra será quebrantado; y sobre quien ella cayere, le desmenuzará" (Mateo 21:42–44).

Para comprender lo que es el quebrantamiento delante de Dios hemos de entender la naturaleza de este símil. Aquí se presenta a Cristo como la piedra angular del templo espiritual: la Iglesia. En este contexto, la Iglesia supone algo más que el cuerpo de creyentes que vio la luz en el día de Pentecostés; representa a todo el pueblo de Dios desde el principio. En el momento en que hablaba Jesús, como se cita en Mateo 21, la nación judía constituía la totalidad de ese pueblo de Dios. Se menciona a Jesucristo como la parte más importante del edificio, y a cada miembro como una piedra. Jesucristo es la piedra angular, o sea aquella que mantiene en pie al resto del edificio.

El deseo de Dios era poseer un templo espiritual capaz de albergar adecuadamente su gloria. Al rechazar al Mesías, Israel perdió el derecho a ser ese templo; y por lo tanto el Señor está levantando un nuevo edificio, que es la Iglesia. Cada uno de nosotros constituye una piedra viva del nuevo templo espiritual. Al ser tomados del mundo en salvación, somos semejantes a piedras que necesitan que se les dé forma con objeto de poder cumplir su función de acuerdo con la voluntad de Dios. En la construcción de un edificio de piedra, el maestro arquitecto pasa mucho tiempo labrando cada bloque para que encaje en el lugar que le corresponde. Si una piedra es demasiado difícil de ajustar y se niega a ser debidamente labrada, entonces tiene poco valor y simplemente se reduce a polvo.

Jesús, por lo tanto, podía ordenar: "¡Caigan sobre la roca y sean quebrantados!" El quebrantamiento de Dios no es para aniquilarnos; sino que tiene como objetivo conferirnos una forma que pueda ser usada adecuadamente para aquellos propósitos para los cuales El nos escogió al principio. Si resistimos al plan de Dios, el resultado es el desmenuzamiento, o lo que es lo mismo, el no valer para nada en el propósito eterno del Señor.

Por lo tanto, resulta de gran importancia que caminemos en quebrantamiento delante de Dios; pero debo reiterar que esto no significa fracasar continuamente o tener un concepto deficiente de uno mismo. Recuerde que Dios nos ha escogido: somos importantes. Sin embargo, cuando aprendemos a entrar en la presencia del Espíritu Santo en oración, el resultado natural es una actitud quebrantada que permite a Jesucristo, el maestro arquitecto, completar su obra divina en nuestra vida.

¡Qué gozo es para nosotros saber que Dios está dando forma a nuestra vida con objeto de usarla para su propósito eterno! ¡Cuánta paz tenemos al comprender que todas las cosas contribuyen a ese fin! Nada sucede por accidente; todo obra para nuestro bienestar perpetuo. ¡Gloria al Dios viviente!

Después del quebrantamiento viene la entrega; y a la entrega incondicional acompaña una total entrega a la voluntad de Dios. Aquí debo subrayar que esto no nos hace pasivos. La rendición significa renunciar a nuestro derecho natural de hacer lo que queremos en favor de nuestro nuevo dueño; el Rey de reyes y Señor de señores.

Asimismo debemos comprender que ni el quebrantamiento ni la entrega son fines en sí mismos; sino simplemente medios para hacernos instrumentos eficaces en las manos de Dios, al objeto de ser usados en el avivamiento y el crecimiento de la Iglesia. En el pasado, ha constituido un problema el hecho de que la gente se conformara con el quebrantamiento y la entrega como fines en vez de medios; lo cual llevó a muchos a los monasterios para vivir vidas piadosas que no cambiaban lo que les rodeaba. La piedad no debería alejarnos del mundo, sino fortalecernos para que fuéramos testigos eficaces en él.

Lo más fácil hoy día es retirarse de los desafíos que el mundo presenta a la iglesia; sin embargo, el propósito de Dios al quebrantarnos y hacer que nos rindamos consiste en equiparnos para afrontar esos desafíos.

Mi iglesia está sólo a pocos metros de la Cámara del Congreso; y nuestro gobierno me pide con frecuencia que ore por muchos asuntos que afectan a la nación entera. No me he retirado de los desafíos sociales y económicos que el Señor ha puesto delante de mí; sin embargo, he tratado de estar lo suficientemente quebrantado y entregado para poder conocer con claridad la opinión de Dios en cada situación y reto. De este modo, mi país, en su mayoría no cristiano, puede saber lo que El piensa.

La oración y la victoria sobre Satanás

Vivimos en una era de maldad. Satanás, apoyado por los ángeles caídos y los demonios, ha salido para robar y destruir. Sin contar con el poder de la oración no nos es posible romper el dominio del diablo.

Al diablo nunca le han preocupado demasiado los rituales de la iglesia; pero tiene un miedo mortal a la oración verdadera. Cuando usted comience su vida de comunión con el Señor, descubrirá formas de oposición nuevas y variadas de Satanás.

Cierto hombre de mi iglesia era en otro tiempo alcohólico; y aunque tenía éxito en los negocios, su problema de la bebida le hacía maltratar a su esposa y a sus hijos. Una noche llevó a casa a algunos de sus compañeros de juerga y organizaron una fiesta.

A pesar de que su esposa amaba a su familia y había soportado mucho de su marido, no pudo resistir que éste trajera tal deshonra al hogar; y llamándolo aparte, le dijo: "Querido, te amo, pero no puedo soportar que bebas; y ahora traes a esos borrachos a casa contigo. No pienso consentirlo; de modo que voy a hacer las maletas y a marcharme. Mañana, cuando despiertes, no estaré aquí. ¡Adiós!"

De repente, el miedo a perder a su familia hizo que al hombre se le pasara la borrachera; y sabiendo que su esposa era una cristiana ferviente, se arrodilló ante ella y comenzó a clamar: "¡Señor, por favor, libérame de este terrible espíritu del alcohol!"

La mujer creyó que su marido no sólo estaba borracho, sino que ahora se burlaba de su religión; lo cual le produjo una indignación todavía mayor.

El había tratado con frecuencia de librarse de su hábito, pero sin conseguir resultado alguno; y ahora que su esposa lo amenazaba con dejarlo, se sentía aún más desesperado. Pero mientras lloraba, oyó una voz procedente de su corazón que decía: "Por la mañana quedarás libre."

"Tengo la certeza de que mañana estaré completamente liberado", explicó a su mujer entre sollozos. Ella no pudo ocultar un gesto de incredulidad en su rostro. Ya había oído anteriormente promesas semejantes. Sin embargo, a la mañana siguiente se quedó sorprendida al ver a su esposo tirar a la basura sus costosos licores y cigarrillos. ¿Podría estar ocurriendo realmente un milagro de liberación?

Más tarde, el hombre subió en su auto y se fue al trabajo. Una vez allí, contó a todos los empleados de su fábrica que Dios le había liberado y que jamás volvería a beber o fumar. Los otros no se atrevieron a reírse abiertamente, pero imaginaron que se trataba de un cuento más, pues ya había hecho cosas así antes. No obstante, después de algún tiempo, todo el mundo quedó convencido de que algo le había pasado al verlo cambiar por completo de estilo de vida. Ahora toda su familia sirve a Jesucristo, y él se ha convertido en un diácono de nuestra iglesia.

Satanás se había propuesto destruir otra familia más; sin embargo, por medio de la perseverancia y la oración, aquella esposa pudo ver una victoria total y absoluta. El diablo es un mentiroso, y el padre de las mentiras. A él le encanta robar y destruir; pero Cristo nos ha dado autoridad sobre sus obras si aprendemos a orar.

Para entender de qué modo la oración vence el poder de Satanás, que actúa en nuestros amigos y seres queridos, debemos comprender lo que la Biblia dice de él.

Satanás tenía acceso a Dios como dirigente de la adoración celestial.

Isaías afirma: "¡Cómo caíste del cielo, oh Lucero, hijo de la mañana! Cortado fuiste por tierra, tú que debilitabas a las naciones. Tú que decías en tu corazón: Subiré al cielo; en lo alto, junto a las estrellas de Dios, levantaré mi trono, y en el monte del testimonio me sentaré, a los lados del norte; sobre las alturas de las nubes subiré, y seré semejante al Altísimo. Mas tú derribado eres hasta el Seol, a los lados del abismo" (Isaías 14:12–15).

Y Ezequiel añade: "En Edén, en el huerto de Dios estuviste; de toda piedra preciosa era tu vestidura; de cornerina, topacio, jaspe, crisólito, berilo y ónice; de zafiro, carbunclo, esmeralda y oro; los primores de tus tamboriles y flautas estuvieron preparados para ti en el día de tu creación. Tú, querubín grande, protector, yo te puse en el santo monte de Dios, allí estuviste; en medio de las piedras de fuego te paseabas. Perfecto eras en todos tus caminos desde el día que fuiste creado, hasta que se halló en ti maldad. A causa de la multitud de tus contrataciones fuiste lleno de iniquidad y pecaste; por lo que yo te eché del monte de Dios, y te arrojé de entre las piedras del fuego, oh querubín protector. Se enalteció tu corazón a causa de tu hermosura, corrompiste tu sabiduría a causa de tu esplendor; yo te arrojaré por tierra; delante de los reyes te pondré para que miren en ti. . . Todos los que te conocieron de entre los pueblos se maravillarán sobre ti; espanto serás, y para siempre dejarás de ser" (Ezequiel 28:13–19).

La antigua importancia de Satanás en la gloriosa esfera celestial de Dios queda clara por la escritura precedente; entonces ¿por qué habría de querer destruirnos?

Dios creó al hombre a su misma imagen, y le dio dominio. Pero Satanás tenía celos del lugar que éste ocupaba, y desde el principio ha tratado de destruir la creación especial de Dios. Después de que Adán y Eva murieran espiritualmente a causa de su pecado, Dios hizo una promesa: "Y pondré enemistad entre ti (Satanás) y la mujer, y entre tu simiente y la simiente suya; ésta te herirá en la cabeza, y tú le herirás en el calcañar" (Génesis 3:15). De modo que Satanás ha sabido siempre que sufrirá su última y final derrota por medio de la humanidad.

A lo largo de toda la historia del hombre, el diablo ha intentado que esa promesa no se cumpliera. En primer lugar trató de contaminar al género humano: "Aconteció que cuando comenzaron los hombres a multiplicarse sobre la faz de la tierra, y les nacieron hijas, que viendo los hijos de Dios que las hijas de los hombres eran hermosas, tomaron para sí mujeres, escogiendo entre todas. Y dijo Jehová: No contenderá mi espíritu con el hombre para siempre, porque ciertamente él es carne; mas serán sus días ciento veinte años. Había gigantes en la tierra en aquellos días, y también después que se llegaron los hijos de Dios a las hijas de los hombres, y les engendraron hijos. Estos fueron los valientes que desde la antigüedad fueron varones de renombre. Y vio Jehová que la maldad de los hombres era mucha en la tierra, y que todo designio de los pensamientos del corazón de ellos era de continuo solamente el mal. Y se arrepintió Jehová de haber hecho hombre en la tierra, y le dolió en su corazón. . . Pero Noé halló gracia ante los ojos de Jehová" (Génesis 6:1–8).

La treta de Satanás consistió en contaminar la especie humana para que la simiente de la mujer (Jesucristo) no fuese pura, y así no pudiera traer la destrucción de su reino. Pero Dios tenía un hombre que no había sido contaminado; una familia halló gracia ante sus ojos, de modo que Noé habría de ser el medio por el cual el género humano fuera salvo de una total y absoluta destrucción.

El diablo continuó con su oposición tratando de destruir a Israel; y luego al niño Jesús; por último clavó al Hijo de Dios en la cruz. Pero, con todo y con eso, la cruz no fue el final; sino que a través de su muerte, nuestro precioso Señor Jesucristo derrotó a Satanás. Y también nosotros, mediante la muerte y la resurrección de Jesús, hemos recibido autoridad sobre el diablo y sus obras; por lo tanto, somos más que vencedores por medio de aquel que nos amó.

¿Cómo se ejerce esa autoridad en la oración?

Como antes afirmé, Satanás se opone a las oraciones del pueblo de Dios más que a ninguna otra cosa. Eso puede verse claramente en el libro de Daniel.

Daniel era todavía un joven cuando fue llevado cautivo por los babilonios, en el año 605 A.C. Dios permitió que aquella cautividad fuera el medio por el cual él llegara a una posición clave en el más grandioso imperio de su tiempo. Al igual que José halló gracia en Egipto, experimentando algunos contratiempos pasajeros, también Daniel fue usado por Dios gracias a su don de interpretar sueños; don que más tarde sería utilizado para revelar una visión tan precisa del futuro que hace dudar a muchos eruditos de la autenticidad del libro.

En el primer año de Darío el medo, futuro gobernante absoluto del Oriente Medio, Daniel recibió una comprensión especial de Jeremías 25:12; y al darse cuenta de las implicaciones que dicha comprensión tenía para Jerusalén, comenzó su famosa oración intercesora por su pueblo. Lo hizo confesando en primer lugar su propio pecado, aunque su inflexible fidelidad a Dios era reconocida por todos los judíos de la cautividad; y luego empezó a pedir perdón para el pueblo entero, como puede verse en el noveno capítulo. Continuó rogando a Dios por su nación: "Oh Señor, conforme a todos tus actos de justicia, apártese ahora tu ira y tu furor de sobre tu ciudad Jerusalén, tu santo monte; porque a causa de nuestros pecados, y por la maldad de nuestros padres, Jerusalén y tu pueblo son el oprobio de todos en derredor nuestro. Ahora, pues, Dios nuestro, oye la oración de tu siervo, y sus ruegos; y haz que tu rostro resplandezca sobre tu santuario asolado, por amor del Señor" (Daniel 9:16, 17). A medida que seguía orando, sus súplicas se hacían cada vez más apasionadas: "Oye, Señor; oh Señor, perdona; presta oído, Señor, y hazlo; no tardes, por amor de ti mismo, Dios mío; porque tu nombre es invocado sobre tu ciudad y sobre tu pueblo" (v. 19).

Y al continuar Daniel en oración, Dios envió al ángel Gabriel a visitarlo. Gabriel entonces le revela la forma en que Satanás se opone a la plegaria del pueblo de Dios: "Entonces me dijo: Daniel, no temas; porque desde el primer día que dispusiste tu corazón a entender y a humillarte en la presencia de tu Dios, fueron oídas tus palabras; y a causa de tus palabras yo he venido. Mas el príncipe del reino de Persia se me opuso durante veintiún días; pero he aquí Miguel, uno de los principales príncipes vino para ayudarme, y quedé allí con los reyes de Persia" (Daniel 10:12, 13).

Más tarde, en ese capítulo, Gabriel revela la batalla a la cual se enfrentará cuando deje a Daniel: "El me dijo: ¿Sabes por qué he venido a ti? Pues ahora tengo que volver para pelear contra el príncipe de Persia; y al terminar con él, el príncipe de Grecia vendrá. Pero yo te declararé lo que está escrito en el libro de la verdad; y ninguno me ayuda contra ellos, sino Miguel vuestro príncipe" (vv. 20, 21).

En el *Commentary on the Old Testament* (Comentario del Antiguo Testamento) de Keil y Delitzsch, uno de los más respetados acerca de la Escritura sagrada, se afirma que el príncipe de Persia era la fuerza espiritual que guiaba el avance del siguiente gobierno mundial. Dios había enviado a Gabriel, pero los príncipes satánicos, o ángeles caídos, le hicieron la guerra —ya que Satanás no quería que la oración de Daniel fuera contestada—, por lo que se llamó al arcángel Miguel para asistir a Gabriel en la batalla. Daniel había estado ayunando y orando durante veintiún días; el período necesario para que los ejércitos espirituales de Dios vencieran a los ángeles caídos.[3]

En Zacarías 3, vemos al ángel del Señor diciendo a Satanás: "Jehová te reprenda, oh Satanás; Jehová que ha escogido a Jerusalén te reprenda. ¿No es éste un tizón arrebatado del incendio? (v. 2).

Pablo comprendía la guerra espiritual a la que hemos sido llamados, cuando dijo: "Porque no tenemos lucha contra carne y sangre, sino contra principados, contra potestades, contra los gobernadores de las tinieblas de este siglo, contra huestes espirituales de maldad en las regiones celestes" (Efesios 6:12).

Para poner todo esto en una perspectiva clara, debemos comprender la realidad espiritual, o lo que yo he llamado "la cuarta dimensión".[4]

---

[3]*Commentary on the Old Testament* (Comentario sobre el Antiguo Testamento), Keil-Delitzsch, vol. IX (Wm. B. Eerdmans Publishing Co., Grand Rapids, Mich., EE.UU.), pp. 416, 417.
[4]*The Fourth Dimension* (La cuarta dimensión), vol. 2 (Publicado por la Editorial Vida).

Satanás fue arrojado de los lugares celestiales donde ostentaba una posición exaltada. Nosotros fuimos creados con una estatura mayor que la de los ángeles, ya que somos capaces de comprender la realidad espiritual. Satanás sabe, desde el huerto de Edén, que su reino será destruido por medio de la humanidad. Dios le dio el título de "principe de la potestad del aire" (Efesios 2:2). Puesto que ha podido ejercer una autoridad real sobre la atmósfera de la tierra, le ha sido posible influir en las naciones. Sin embargo, Dios otorgó al hombre autoridad, que éste perdió en la caída a causa del pecado de Adán. No obstante, el Señor no se ha quedado sin testimonio en el mundo: su pueblo ha sido capaz de ejercer autoridad mediante la oración y la intercesión. Cuando Cristo vino, permitió que el mundo lo juzgara y crucificara; pero por medio de su vida sin pecado, su muerte expiatoria en la cruz, y su gloriosa resurrección, Jesús tomó las llaves de la muerte y del sepulcro, y recibió "toda potestad" (Mateo 28:18). Partiendo de la base de que Cristo ha conseguido toda autoridad en los cielos y en la tierra, se nos ordena que vayamos a todo el mundo y hagamos discípulos a las naciones para el reino de Dios.

Cuando aprendemos a orar en el Espíritu Santo, comprendiendo que se nos ha dado autoridad, podemos atar a las fuerzas de Satanás en la gente, en las comunidades e incluso en las naciones. Sin embargo, debido a que el diablo es un mentiroso y padre de toda mentira, trata de convencernos de su dominio; pero él y los ejércitos que capitanea tienen que rendirse a la voluntad de Dios si sabemos ayunar, orar y ejercer la autoridad espiritual que nos corresponde legítimamente.

¡Cuán importante es para nosotros conocer y comprender el valor de la oración! Si no aprendemos a orar, no veremos la voluntad de Dios cumplida en nuestra vida y ministerio. Sin embargo, como dije anteriormente, primero debemos desear hacerlo.

Nuestro problema consiste en que hemos pensado, leído, e incluso recibido enseñanza acerca de la oración, pero *no* hemos orado. Ha llegado la hora de que comprendamos que la oración es la fuente del poder y de permitir que el Espíritu Santo nos proporcione un nuevo quebrantamiento y una nueva entrega. Este es el momento de aprender a utilizar nuestra autoridad espiritual a fin de impedir la obra del diablo. ¡Ha llegado el momento de orar!

2

EL ESPIRITU SANTO Y LA ORACION

Estamos en la era del Espíritu Santo. Jesús dijo a sus discípulos que resultaba indispensable que El se fuera a fin de que viniese el Espíritu; y en el día de Pentecostés, el Espíritu Santo descendió sobre los 120 fieles que esperaban en Jerusalén y los llenó. Así se cumplió la profecía de Juan el Bautista.

En el bautismo de Jesús, el Espíritu Santo lo simbolizó una paloma; y la causa de ello es el carácter y la personalidad del Espíritu. Las palomas son tiernas, como también lo es la tercera persona de la Trinidad. Solamente conocemos el carácter del Espíritu Santo si tenemos comunión con El. En el Antiguo Testamento no vemos al Espíritu como una personalidad distintiva; y en el Nuevo, El mismo habla tanto de Cristo que podríamos perdernos la rica naturaleza de la tercera persona de la Trinidad.

¿Cómo podemos conocer al Espíritu Santo? Sólo tomamos conciencia de su carácter al comenzar una vida de oración.

Entre todos los evangelios, aquel según San Juan es el que más referencias contiene sobre el Espíritu Santo. En el capítulo 14 se llama a éste el Espíritu de Verdad y el Consolador. Es el Espíritu de verdad porque puede tomar las palabras de Cristo y revelar la profundidad del significado de la Palabra, y el Consolador debido a que trae a nuestro corazón una paz que el mundo no puede dar, ya que éste sólo conoce la que es el resultado del cese de las hostilidades. Sin embargo, el Espíritu Santo trae paz sean cuales fueren las circunstancias. Por lo tanto, al aprender a andar en el Espíritu, empezamos a hacerlo en verdad y paz. Si la verdad no opera en nuestra vida, si no caminamos en la paz de Dios, lo más probable es que no estemos en el Espíritu Santo.

La oración abre la puerta al Espíritu Santo

El Espíritu Santo puede bendecirle cuando lee las Escrituras; dirigirle al testificar de Cristo; ungirle al predicar y enseñar la Palabra de Dios; pero si desea tener una comunión íntima con El, necesita usted orar.

Comprendí por primera vez esta verdad al principio de mi ministerio; cuando trataba con ahínco de llevar gente a Cristo, pero sin muchos resultados. Un día, cuando estaba orando, el Señor me habló al corazón, y me dijo: "¿Cuántas codornices hubiera cazado Israel de haber salido a cazarlas en el desierto?"

"No muchas, Señor", respondí.

"¿Cómo fueron cazadas?", siguió preguntándome.

Entonces comprendí que Dios había enviado el viento que trajo las codornices. El Señor estaba tratando de hacerme ver la diferencia entre ir trás de las almas sin la estrategia del Espíritu, y el cooperar con éste. Luego me dijo algo que cambió completamente mi vida: "¡Debes llegar a conocer al Espíritu Santo y trabajar con El!"

Yo sabía que había nacido de nuevo, y que estaba lleno del Espíritu; sin embargo, siempre había pensado en el Espíritu Santo como en una experiencia más que como en una personalidad. No obstante, el llegar a conocerlo requeriría que pasara tiempo hablando con El y dejándole hablar conmigo. Esta comunión con el Espíritu ha sido la causa de cada uno de los cambios principales de mi ministerio. La idea del sistema de grupos de célula surgió de dicha comunión con el Espíritu Santo en oración; así como la fundación del movimiento *Church Growth International* (Movimiento Internacional para el Crecimiento de la Iglesia). En realidad ninguno de los principios más importantes que enseño en Corea y alrededor del mundo ha salido de un libro de teología, sino de una comunión íntima y auténtica con el Espíritu Santo en oración.

Por otro lado, en mi vida personal, la comunión con el Espíritu Santo es lo más importante. Yo no podría vivir sin ese dulce compañerismo que ha llegado a ser tan familiar en mi vida. Por la mañana siento su vigor sobre mi corazón y tengo la fuerza necesaria para enfrentarme a los desafíos del día sabiendo que saldré plenamente victorioso en cada situación.

También he descubierto que no soy lo bastante listo para resolver los miles de problemas que se me presentan de forma constante; sin embargo, puedo decir simplemente al Espíritu Santo: "Dulce Espíritu, déjame contarte la dificultad en que me encuentro. Sé que conoces los pensamientos de Dios y que ya tienes la respuesta." Luego espero con seguridad la contestación del Espíritu Santo.

Al descubrir a lo largo de todos estos años que el Espíritu Santo me renueva espiritual, mental y físicamente, he comprendido que la comunión diaria con El es algo necesario. De la hora que paso cada mañana en oración, gran parte del tiempo lo dedico a la comunión con el Espíritu.

Cada vez que Dios me da algo nuevo y fresco de la Palabra, sé que procede del Espíritu de verdad que mora en mí. Del mismo modo que el Espíritu Santo hizo concebir a María, puede asimismo fecundarnos con la Palabra de vida. "La letra mata, mas el Espíritu vivifica". Esta es la razón por la cual millares de personas hacen cola delante de nuestra iglesia los domingos para asistir a cada uno de los siete cultos que tenemos; y por la que nuestro culto televisado es uno de los programas de mayor audiencia. La gente no está simplemente interesada en que se le enseñe la Palabra; sino que desea la Verdad ungida por el Espíritu Santo. Pablo experimentaba este tipo de enseñanza; y así testifica a la iglesia de Corinto: "Y nosotros no hemos recibido el espíritu del mundo, sino el Espíritu que proviene de Dios, para que sepamos lo que Dios nos ha concedido, lo cual también hablamos, no con palabras enseñadas por sabiduría humana, sino con las que enseña el Espíritu, acomodando lo espiritual a lo espiritual" (1 Corintios 2:12, 13).

El Espíritu Santo no sólo nos unge para que ministremos la Palabra de Dios con poder y autoridad, sino que también nos protege de los ataques del diablo. El hecho de pastorear la mayor iglesia del mundo no me exime de las embestidas de otros. Lo que me molesta no son los ataques del mundo, sino los que proceden de algunos creyentes que tienen la capacidad de ofender. Pero una comunión diaria en el Espíritu Santo puede protegernos, no de semejantes ataques, sino de sus efectos. Observamos este principio claramente revelado en la vida de Esteban, el primer mártir de la Iglesia.

Como vemos en Hechos 7, Esteban proclamaba la Palabra de Dios con gran poder; sin embargo, la respuesta de Israel fue que se sintieron tan culpables que desearon matarlo por causa de sus palabras: "Oyendo estas cosas, se enfurecían en sus corazones, y crujían los dientes contra él. Pero Esteban, lleno del Espíritu Santo, puestos los ojos en el cielo, vio la gloria de Dios, y a Jesús que estaba a la diestra de Dios, y dijo: He aquí, veo los cielos abiertos, y al Hijo del Hombre que está a la diestra de Dios" (versículos 54–56).

Pablo termina su segunda epístola a la iglesia de Corinto, diciéndoles: "La gracia del Señor Jesucristo, el amor de Dios, y la comunión del Espíritu Santo sean con todos vosotros"; y se refiere nuevamente a esta comunión con el Espíritu Santo en Filipenses 2:1.

Si sus oraciones son algo vacío y no suponen un estímulo para usted, tal vez sea que no está obedeciendo la amonestación de Pablo de tener comunión con el Espíritu Santo. El Espíritu le introducirá al gozo, la paz y el sentimiento de justificación que usted desea. Recuerde que el reino de Dios no consiste en comida ni en bebida, sino en justicia, paz y gozo en el Espíritu Santo.

La oración da lugar a las manifestaciones del Espíritu

En su primera epístola a la iglesia de Corinto, Pablo escribió: "No quiero, hermanos, que ignoréis acerca de los dones espirituales" (1 Corintios 12:1). Este versículo igual podría haberse escrito hoy día; ya que muchos en la iglesia desconocen los dones y las manifestaciones del Espíritu Santo. Por otro lado, muchos que saben acerca de estas cosas no conocen cómo y cuándo han de utilizarlas.

El Espíritu Santo viene por primera vez a una persona cuando ésta nace de nuevo; después de lo cual, se nos amonesta a tener una relación más íntima con El. Yo llamo a esto "recibir la plenitud del Espíritu Santo."

Esta plenitud la conseguimos mediante la oración; y también aprendemos a ejercer nuestros dones espirituales por medio de la oración.

Los dones de ministerio

Pablo hace una división de los dones de ministerio en varias citas. Estos dones Dios los da a quien El quiere: "Mas ahora Dios ha colocado los miembros cada uno de ellos en el cuerpo, como él quiso" (1 Corintios 12:18). Una vez que conocemos nuestro don de ministerio, debemos desarrollarlo: "No descuides el don que hay en ti, que te fue dado mediante profecía con la imposición de las manos del presbiterio. Ocúpate en estas cosas; permanece en ellas, para que tu aprovechamiento sea manifiesto a todos" (1 Timoteo 4:14, 15). En esta última cita, Pablo enseña a Timoteo que el ocuparse (o meditar en oración) en esas cosas, lo ayudará a desarrollar el don de ministerio que le ha sido concedido.

En 1 Corintios 12, Pablo hace una lista, no exhaustiva sino esencial, de los dones del ministerio: apóstoles, profetas, maestros. . . ; luego otros de menor categoría, pero no menos valiosos como: milagros, dones de sanidad, ayuda, administración y lenguas.

El primer nivel en los dones de ministerio se indica de un modo más exhaustivo en la carta a la iglesia de los Efesios: "Y él mismo constituyó a unos, apóstoles; a otros, profetas; a otros, evangelistas; a otros pastores y maestros" (Efesios 4:11). En el siguiente versículo se nos dice cuál es la función de este primer nivel de dones de ministerio: "A fin de perfeccionar a los santos para la obra del ministerio, para la edificación del cuerpo de Cristo" (versículo 12).

¿Cuál es el propósito del liderazgo en el ministerio cristiano? Preparar a personas laicas para que ministren, de modo que el cuerpo de Cristo pueda ser edificado y fortalecido. ¿Cómo crece y desarrolla su ministerio un determinado individuo? Meditando acerca de dicho ministerio en oración.

Por lo tanto, ya sea usted pastor, administrador de iglesia, líder de célula o diácono, su don sólo crecerá y se desarrollará por medio de la oración y la meditación.

Las manifestaciones del Espíritu

Los dones de ministerio espiritual los reparte el Espíritu Santo según la elección del Padre. Sin embargo, todos los cristianos pueden manifestar al Espíritu Santo. El propósito de las manifestaciones es que cada persona de la asamblea sea edificada. Pablo dice: "Pero a cada uno le es dada manifestación del Espíritu para provecho. Porque a éste es dada por el

Espíritu palabra de sabiduría; a otro, palabra de ciencia según el mismo Espíritu; a otro, fe por el mismo Espíritu; y a otro, dones de sanidades por el mismo Espíritu. A otro, el hacer milagros; a otro, profecía; a otro, discernimiento de espíritus; a otro, diversos géneros de lenguas; y a otro, interpretación de lenguas, Pero todas estas cosas las hace uno y el mismo Espíritu, repartiendo cada uno en particular como él quiere" (1 Corintios 12:7–11).

El capítulo 14 de 1 Corintios está dedicado al uso apropiado de la manifestación del Espíritu Santo; especialmente en lo relacionado con la asamblea pública. El propósito principal de esas manifestaciones es edificar a todo el grupo, y no sólo demostrar lo dotado y espiritual que es uno. El capítulo 13 —más conocido como el "capítulo del amor"— no dice que el amor sea mejor que los dones espirituales, sino que nos indica la motivación adecuada para el ejercicio de dichos dones: "Procurad, pues, los dones mejores. Mas yo os muestro un camino aun más excelente" (1 Corintios 12:31). Fíjese que Pablo no dice: "Les muestro algo más excelente." No, en el capítulo 13 el apóstol se concentra en "el camino aun más excelente".

Ya que el Señor es un Dios de orden, todas las cosas que se hacen en una iglesia deben ser hechas también con orden: "Pues Dios no es Dios de confusión, sino de paz. Como en todas las iglesias de los santos..." (1 Corintios 14:33).

Cuando enseñamos a los cristianos de Corea a orar para que la iglesia sea edificada sobre una sólida base bíblica, no pasamos por alto los dones tratados en 1 Corintios. Para desarrollar los dones y las manifestaciones espirituales hay que dedicarse a la oración. La oración hará que los diferentes dones del ministerio cooperen unos con otros y no compitan entre sí. La oración producirá la motivación del amor, que mantendrá todos esos dones y manifestaciones espirituales en el debido orden. ¡La solución es orar!

La oración produce sensibilidad espiritual

La Escritura es algo más que tinta negra sobre papel blanco. Las palabras impresas en la Biblia representan más que meras expresiones: son la Palabra de Dios.

"Dios es Espíritu; y los que le adoran, en espíritu y verdad es necesario que adoren" (Juan 4:24). Jesús dijo en cierta ocasión: "El espíritu es el que da vida; la carne para nada aprovecha; las palabras que yo os he hablado son espíritu y son vida" (Juan 6:63). Por lo tanto, el Espíritu Santo puede proporcionarnos una sensibilidad espiritual tal que seamos capaces de comprender la Palabra de Dios en una dimensión nueva y más amplia.

También Pablo enfatiza este punto: "Mas hablamos sabiduría de Dios en misterio, la sabiduría oculta, la cual Dios predestinó antes de los siglos para nuestra gloria, la que ninguno de los príncipes de este siglo conoció; porque si la hubieran conocido, nunca habrían crucificado al Señor de gloria. Antes bien, como está escrito: Cosas que ojo no vio, ni oído oyó, ni han subido en corazón de hombre, son las que Dios ha preparado para los que le aman. Pero Dios nos las reveló a nosotros por el Espíritu; porque el Espíritu todo lo escudriña, aun lo profundo de Dios" (1 Corintios 2:7–10).

Pablo también hace hincapié en la importancia de comprender la Palabra de Dios bajo la unción del Espíritu Santo que tiene lugar por medio de la oración, cuando afirma: "Pero el hombre natural no percibe las cosas que son del Espíritu de Dios, porque para él son locura, y no las puede entender, porque se han de discernir espiritualmente" (1 Corintios 2:14).

La razón por la cual el mundo, a pesar de toda su sabiduría natural, no puede entender la Palabra de Dios, es que ésta pertenece a una dimensión más elevada que la simple sabiduría y la percepción humanas: contiene una dimensión espiritual imposible de comprender sin el Espíritu Santo.

Uno de mis himnos favoritos es "Break Thou the Bread of Life" (Pártenos el pan de vida), de William F. Sherwin, que en su cuarta estrofa escribió:

Envía, oh Señor, tu Espíritu a mí,
Que toque mis ojos para verte a ti
De tu Palabra, Señor, la verdad
Revélame y haz que te pueda mirar.

Cuando tomo en mis manos la más preciosa posesión material que tengo, mi Biblia, le pido al Espíritu Santo: "Oh, Santo Espíritu, abre mis ojos para que contemple la verdad de Dios en tu Palabra sagrada." ¡Qué delicia supone estudiar la Palabra de Dios después de haber orado!

En Romanos, Pablo escribió que la fe viene por el oír, y el oír por la Palabra de Dios. Dios aumenta nuestra fe cuando desarrollamos el sentido del oído o sensibilidad espiritual. Dicha sensibilidad espiritual es el resultado de un estudio con oración de la Palabra de Dios.

La dependencia del Señor acrecienta la sensibilidad espiritual de la persona. He aprendido que cuando dependo completamente de Dios, El siempre me guía y me proporciona comprensión de su Palabra. A veces ello requiere atrevimiento; pero, después de haber orado y haberme lanzado en fe, recibo aun más de esa sensibilidad; y al desarrollarse mis sentidos espirituales, puedo comprender el "alimento sólido" de la Palabra de Dios: "Pero el alimento sólido es para los que han alcanzado madurez, para los que por el uso tienen los sentidos ejercitados en el discernimiento del bien y del mal" (Hebreos 5:14).

El escritor de Hebreos está sencillamente indicando los requisitos necesarios para poder comer el alimento sólido de la Escritura. Los que han desarrollado su sensibilidad espiritual son capaces de ingerir alimento sólido utilizando el discernimiento que ya tienen. Por el contrario, los que no la han desarrollado, sólo pueden participar de la leche de la Palabra de Dios.

Cierta noche, durante nuestro tiempo devocional como familia, mi hijo mayor manifestó algo que movió a expresar con claridad la importancia de mi total dependencia del Espíritu Santo. Fue lo siguiente: — Madre, yo no voy a pasar tanto tiempo en oración como mi padre. Soy joven y tengo confianza en mí mismo; no necesito orar de esa manera. ¿Por qué tengo que pedirle a Dios que me ayude en todo? Hay muchas cosas que puedo hacer por mí mismo."

Al escuchar sus palabras mi corazón se llenó de compasión por mi hijo adolescente; de modo que fui muy sincero con él.

—Oye —le dije—, tú y tus hermanos miren a su padre y escuchen con atención. Todo el mundo en Corea me conoce, ¿no es así?   —Así es —respondieron.

—Yo soy el pastor de la iglesia más grande del mundo, ¿sí o no?

—Sí, papá —replicaron al unísono.

—¡Pues mírenme bien! En otro tiempo me estaba muriendo de tuberculosis, y ningún médico pudo socorrerme ni curarme. Además, era tan pobre que no tenía para pagarme el tratamiento en un hospital. Mi educación formal terminó después del primer año de Bachillerato. No cuento con una posición social elevada, ni con genealogía famosa, ni, como persona corriente que soy, con nada de que jactarme. Ustedes no pueden alardear de mí ya que no tengo dinero, posición ni educación. Sin embargo, he confiado en el Señor y miren lo que ha hecho conmigo. Pero ¿saben el secreto de mi éxito? Derramaba el corazón delante de Dios; dependía de El. . . ; con su ayuda me instruí a mí mismo; leí cada libro que caía en mi poder; estudié diligentemente, orando todo el tiempo. Ahora, por la gracia de Dios, soy lo que soy.

Hijos, si únicamente dependen de sus propias fuerzas, sus estudios y su sabiduría natural, se hundirán en el pantano de este mundo. ¡No sean arrogantes! ¡Aprendan a depender del Señor, como yo!

Después de hablar a mis hijos de esta manera, tuve la certeza de que no sólo me habían oído, sino que entendían las implicaciones de lo que había dicho. Su actitud cambió tanto como sus semblantes una vez que comprendieron la importancia que tenía la total y absoluta dependencia del Señor.

Pero cuando oro, mi sensibilidad no se ejercita únicamente en la Escritura; sino también en el discernimiento de la presencia de Dios. A veces, dicha presencia es tan clara durante mis ratos de oración y comunión que le podría tocar. Si uno no tiene este tipo de comunión orando, la vida cristiana, sobre todo cuando se ejerce un ministerio pastoral, puede convertirse en algo aburrido y rutinario.

En caso de que no esté usted acostumbrado a esta clase de comunión, ha llegado la hora de comenzar a practicarla. ¡Deje ahora mismo este libro y empiece a pedir al Espíritu Santo que haga real para usted la presencia de Cristo! Solicite de El una nueva comprensión de su Palabra. ¡Pídale que le haga andar en un camino diferente de comunión en el Espíritu!

3

SU RESPUESTA PERSONAL A LA ORACION

La oración produce un cambio en la vida del que la practica. Nada de lo que usted haga le beneficiará más que la oración; por medio de ella crea un saldo a su favor en el banco espiritual de Dios. El orar será de provecho para su espíritu, su mente y su cuerpo.

Los seres humanos hemos sido creados de un modo maravilloso. Dios nos hizo a su divina imagen, y nuestro potencial es mucho mayor del que hayamos comprendido jamás ninguno de nosotros. Tenemos una mente que sólo utilizamos en un porcentaje muy reducido de sus posibilidades. Nuestros cuerpos son capaces de más resistencia, fuerza y longevidad, y nuestros espíritus de experimentar las bendiciones espirituales de Dios en un grado superior. La oración crea un ambiente en el cual podemos prosperar y estar saludables así como prospera nuestra alma.

La oración, un saldo favorable

Desde la época más remota de la que se tenga noticia, el mundo ha sido bendecido por la literatura. Yo, personalmente, he disfrutado de las obras escritas de muchos, sobre todo del Occidente y en lengua inglesa. Según mi opinión, nadie ha formulado jamás una frase mejor que Shakespeare. Sin embargo, existe una obra literaria más importante que todo el resto de la literatura humana acumulada hasta el momento. No se trata de una pieza estática, sino de una obra que se amplía constantemente, que está siendo escrita de continuo por Dios:

"Entonces los que temían a Jehová hablaron cada uno a su compañero; y Jehová escuchó y oyó, y fue escrito libro de memoria delante de él para los que temen a Jehová, y para los que piensan en su nombre. Y serán para mí especial tesoro, ha dicho Jehová de los ejércitos, en el día en que yo actúe; y los perdonaré, como el hombre que perdona a su hijo que le sirve" (Malaquias 3:16).

Dios ha escrito, y sigue escribiendo, un libro llamado "libro de memoria". Los que pasan tiempo pensando o meditando descubrirán que el Señor lleva un registro fiel. Usted y yo no podemos ni imaginarnos las riquezas de los pensamientos espirituales que algunos hombres extraordinarios han tenido acerca de Dios durante todos estos años.

Apreciamos la belleza de los salmos que escribió David mientras reflexionaba sobre su relación con Dios. Pero ¿qué me dice de tantos pensamientos que jamás fueron escritos?

En el Nuevo Testamento leemos acerca del "libro de la vida". Pablo en Filipenses, y Juan en el Apocalipsis hablan de la importancia que tiene el ser mencionados en el "libro de la vida del Cordero". Cristo, el Cordero de Dios, lleva un registro exacto de los redimidos.

Lo más fundamental acerca de la literatura que Dios está escribiendo es que revela el hecho de que el Señor mantiene registros espirituales. Nada se pierde o se malgasta. Ninguna cosa que se realiza para El resulta jamás vana. Con mucha frecuencia nos olvidamos de lo que la gente hace por nosotros. He dicho a menudo que las cosas que otras personas llevan a cabo a nuestro favor se escriben en agua, y pronto desaparecen; sin embargo, las que hacen *contra* nosotros, esas las anotamos en tablas de piedra y no dejamos de recordarlas.

Es sumamente importante que nos acordemos de que hay Uno que nunca olvida; excepto en el caso de los pecados perdonados y cubiertos con la sangre de Jesucristo. Por lo tanto, se recuerdan nuestras oraciones.

Cuando pensamos en términos de tener en cuenta, la perseverancia en la oración es muy importante. No sabemos cuánto tiempo tendremos que estar orando hasta que Dios conteste nuestras peticiones. Daniel descubrió que su oración había ayudado a Gabriel a vencer la oposición espiritual a la cual se había enfrentado durante veintiún días. Dios contestó sus oraciones y éstas fueron tenidas en cuenta.

En Lucas 11 podemos leer la respuesta de Cristo a sus discípulos cuando éstos le pidieron: "Enséñanos a orar." Contestando a aquella petición, Jesús les contó una historia. Alguien ruega a un amigo suyo que le preste tres panes en un momento muy inoportuno, puesto que el otro ya se ha ido a dormir. No obstante, la urgencia del asunto hace que el suplicante persevere en su petición. Entonces Jesús dice: "Sin embargo por su importunidad se levantará y le dará todo lo que necesite" (Lucas 11:8).

Algunas oraciones requieren mucha insistencia para ser contestadas. Ya sea a causa de la oposición espiritual o por alguna otra razón, se nos dice que sigamos orando.

¡Nunca renuncie a orar por una necesidad! ¿Qué habría sucedido si Daniel hubiese dejado de orar después de cinco o diez días solamente? ¡Recuerde que Dios es fiel! ¡El oirá sus oraciones, y le contestará si ora siempre y no desmaya! Permita que el balance de la oración salga claramente a su favor.

Cierta señora de nuestra iglesia tenía una hija que no estaba viviendo la vida cristiana. Parecía que cuanto más oraba la mujer, tanto más la joven iba tras sus amigos mundanos. Luego, aquella madre me oyó hablar acerca de este tema, y comenzó a orar fielmente por su hija, sin dejarse desanimar por el empeoramiento de las circunstancias. Un día, mientras rogaba a Dios, supo en su corazón que el saldo que tenía era lo suficientemente grande para hacerse cargo de la necesidad espiritual que había delante de ella. Sintió en su alma el testimonio de que Dios había realizado la obra. Pocos días después la joven fue a la iglesia y entregó su corazón al Señor. Ahora, tanto la madre como la hija están sirviendo fielmente a Cristo.

La oración produce salud

A pesar de todos los avances de la ciencia moderna, la gente todavía padece enfermedades y dolencias. Los médicos saben ahora que las enfermedades del corazón y el cáncer son las afecciones que producen más muertes, y también están de acuerdo en que la mayoría de nuestros problemas físicos son causados por la tensión nerviosa.

La gente tiene miedo de la destrucción y el aniquilamiento nuclear. Las presiones de la vida moderna han afectado al mundo entero, incluso a las regiones más remotas. ¿Cómo puede el hombre del siglo XX vencer la tensión nerviosa y la ansiedad que lo acosan?

La solución no es nueva, pero sí está siendo sumamente descuidada en la sociedad actual: ¡se trata de la oración!

Pablo escribía a la iglesia de Filipos: "Por nada estéis afanosos, sino sean conocidas vuestras peticiones delante de Dios en toda oración y ruego, con acción de gracias. Y la paz de Dios, que sobrepasa todo entendimiento, guardará vuestros corazones y vuestros pensamientos en Cristo Jesús" (Filipenses 4:6, 7).

Los cristianos tenemos dos opciones: estar ansiosos o confiar en Dios; podemos llenar nuestro corazón y nuestra mente de los cuidados de esta vida, u orar. ¿Qué beneficio nos reporta esto último?

La oración se ocupa de la causa, no sólo de los efectos; y la causa de la mayoría de nuestras enfermedades es la ansiedad. Por lo tanto, la manera de hacer frente a los síntomas resultantes de dicha ansiedad, es yendo a la raíz: liberándonos de la ansiedad misma.

Pablo explica a los filipenses el secreto de una vida libre de ansiedad; y ese secreto es la oración. Al orar, uno coloca en las manos de Dios el problema que le hacía estar ansioso; y luego, mediante la acción de gracias, lo deja allí y no vuelve a tomarlo. Si tratamos la ansiedad, es posible que la mayoría de los síntomas desaparezcan simplemente con el tiempo.

El resultado de esta clase de vida será una paz que supera, o sobrepasa, todo entendimiento natural. Puesto que ahora depende usted de sus recursos eternos —su Padre celestial—, no necesita estar temeroso;

puede tener paz. La gente del mundo no comprende esto, porque para ellos es locura.

Hoy día, los hombres creen que deben hacerlo todo por sí solos. Nos hemos convertido en la generación del "lo haré yo mismo". La última cosa que el mundo quiere es confiar en otro; especialmente en Dios. Y a causa de esto, padece más úlceras estomacales, ataques de corazón y cánceres que nunca. Sin embargo, podemos vivir vidas llenas de una gran paz. Entreguemos nuestros problemas al Señor en oración, y así viviremos vidas saludables.

El propósito de esta primera parte ha sido motivarle para que comience a orar como nunca lo hizo. Usted siempre ha sabido que necesitaba orar, pero sencillamente no podía conseguir el tiempo suficiente para hacerlo porque siempre estaba demasiado ocupado.

¿Para qué iba yo a escribir este libro acerca de la oración si no fuera a interesarle en el tema? No necesitaba pasar todos esos meses escribiendo con objeto de que usted lo leyera simplemente y volviera a su forma antigua de vida; de manera que el Señor me guió a compartir varias cosas que le motivarán a orar.

Ha visto usted que la oración produce poder en nuestra vida; y se ha dado cuenta de que necesitamos más poder para hacer frente a los nuevos y más complejos ataques que Satanás está lanzando hoy día.

La oración produce comprensión espiritual. Al orar, su vida entera se hará más consciente que nunca jamás de la realidad eterna.

Asimismo, la oración es la puerta a una comunión más íntima con el Espíritu Santo. Sólo cuando aprendemos a orar sabemos cómo actuar con relación a nuestro don. Cada uno de nosotros ha recibido un don espiritual que tiene que aprender a usar. La forma de aprender es orando.

También hemos considerado el saldo que podemos llegar a tener por medio de la oración. Nuestras peticiones serán contestadas si perseveramos en dicha oración.

¡La oración es la clave para mantener la salud física! ¡Qué bendición es no necesitar la sanidad porque está uno sano!

Todos hemos sido diseñados para desear lo que consideramos más beneficioso. A fin de motivarle a orar, le he mostrado los beneficios que puede obtener para su espíritu, su alma y su cuerpo gracias a la oración.

Ahora está listo para entrar en la siguiente parte de este libro. Los tres tipos de oración. En ella verá las clases de oración que existen y cómo emplearlas con éxito.

Si no entiende cómo se divide la oración, posiblemente tampoco comprenderá todos los pasajes de la Escritura que tratan de ella.

¿Por qué algunas oraciones reciben contestación inmediata y otras tardan tanto en recibir respuesta? ¿Cuál es la razón de que debamos pedir a Dios cosas que El ya sabe que necesitamos?

En la siguiente parte de este libro responderemos estas y otras preguntas importantes.

Segunda parte

Los tres tipos de oración

Para comprender los tres tipos de oración que hay, debemos estudiarlos en el contexto de las enseñanzas de Cristo; y en ningún otro lugar de los evangelios pueden verse tan claros como en el capítulo 11 del Evangelio según San Lucas.

"Aconteció que estaba Jesús orando en un lugar, y cuando terminó, uno de sus discípulos le dijo: Señor, enséñanos a orar, como también Juan enseñó a sus discípulos. Y les dijo: Cuando oréis, decid: Padre nuestro que estás en los cielos, santificado sea tu nombre. Venga tu reino. Hágase tu voluntad, como en el cielo, así también en la tierra. El pan nuestro de cada día, dánoslo hoy. Y perdónanos nuestros pecados, porque también nosotros perdonamos a todos los que nos deben. Y no nos metas en tentación, mas líbranos del mal. Les dijo también: ¿Quién de vosotros que tenga un amigo, va a él a medianoche y le dice: Amigo, préstame tres panes, porque un amigo mío ha venido a mí de viaje, y no tengo qué ponerle delante; y aquél, respondiendo desde adentro, le dice: No me molestes; la puerta ya está cerrada, y mis niños están conmigo en cama; no puedo levantarme y dártelos? . . . Y yo os digo: Pedid, y se os dará; buscad, y hallaréis; llamad, y se os abrirá" (Lucas 11:1–9).

Lo que se conoce corrientemente como el padrenuestro está expresado asimismo, en otro contexto, en Mateo 6. Sin embargo, allí el tema de Cristo es la motivación para orar, y no los tipos de oración. En Mateo, Jesús nos enseña a cuidarnos de practicar nuestra piedad delante de la gente para que nos admiren; por el contrario, cuando oramos debemos ocuparnos en la admiración de nuestro Padre celestial.

El contexto de Lucas 11 prepara el escenario para toda la enseñanza explicativa sobre la oración. Jesús había entrado en una de sus localidades favoritas, donde tenía buenos amigos: Betania. Se trataba de un pueblecito situado en el Monte de los Olivos, en las afueras de Jerusalén. Allí residían María, Marta y Lázaro, a quien más tarde Cristo resucitaría de los muertos. Simón el leproso, en cuya casa Jesús habría de ser ungido, también vivía en Betania. Cuando Cristo hizo su entrada triunfal en Jerusalén, pasó la noche en aquella aldea. Desde las afueras de Betania el Señor fue llevado al cielo. No es necesario decir que todos tenemos lugares donde nos sentimos reposados. Estoy convencido de que Betania era esa clase de lugar para nuestro Señor.

Probablemente, aquella noche Cristo fue al huerto que había detrás de la casa para orar. Los discípulos observaron la forma especial que El tenía de hacerlo, y desearon para sí esa misma clase de vida de oración. De modo que le pidieron: "Señor, enséñanos a orar."

Como pastor, aprendí desde el comienzo de mi ministerio que la única forma de que los miembros de mi iglesia oraran era haciéndolo yo mismo. Si no tuviera una vida de oración, tampoco tendría una iglesia que ora; y, desde luego, no me encontraría en medio del avivamiento. Los discípulos de Cristo sólo estuvieron preparados para recibir enseñanza en cuanto a la oración después de haber expresado el deseo de aprender como consecuencia del ejemplo de su Maestro.

En su enseñanza, nuestro Señor no les dio sencillamente una fórmula de oración, sino los principios elementales de la oración. Les explicó que la oración debía comenzar con alabanza: "¡Santificado sea tu nombre!"; y que tenía que incluir expectación: "¡Venga tu reino! ¡Hágase tu voluntad!" También había de contener petición: "El pan nuestro de cada día, dánoslo hoy"; y confesión: "Perdónanos nuestros pecados." Asimismo les habló de confiar en la capacidad protectora de Dios: "No permitas que entremos en el lugar de la tentación, mas líbranos del mal" (paráfrasis mía del texto original).

En el versículo 9 se enumeran los tres tipos de oración, y se representan como tres promesas: ¡Pidan y recibirán! ¡Busquen y hallarán! ¡Llamen y se les abrirá!

Al hacer divisiones de la Palabra de verdad, las Escrituras, se puede errar fácilmente tratando de ser demasiado específicos. Claro que hay superposiciones de las oraciones de petición, devoción e intercesión; sin embargo, las distinciones entre ellas resultan evidentes en Lucas 11.

4

ORAR ES PEDIR

¡Hemos de aprender a pedir cuando oramos! Aunque es verdad que Dios lo sabe todo, no podemos adoptar la actitud de que no hay necesidad de pedirle nada. Algunos han llegado a la conclusión de que no deberíamos solicitar ninguna cosa de Dios debido a ese versículo de Mateo que dice: "No os hagáis, pues, semejantes a ellos; porque vuestro Padre sabe de qué cosas tenéis necesidad, antes que vosotros le pidáis" (Mateo 6:8).

Sin embargo, el contexto del versículo que acabamos de citar es muy importante para comprender este versículo. Jesús había expresado en primer lugar: "Y orando, no uséis vanas repeticiones, como los gentiles que piensan que por su palabrería serán oídos" (Mateo 6:7). Por lo tanto, a lo que Jesús se estaba refiriendo era a la repetición de las mismas oraciones de un modo ritualista. Como veremos más adelante no pretendía que no pidiésemos, sino todo lo contrario: quería que lo hiciéramos dirigiendo a nuestro Padre oraciones que brotan del corazón.

¡El pedir es algo fundamental en la oración! Dios es nuestro Padre; y como padre le gusta dar cosas a sus hijos. En una familia los hijos tienen derechos. El Hijo de Dios, Jesucristo, nos ordenó de un modo enfático: "De cierto, de cierto os digo, que todo cuanto pidiereis al Padre en mi nombre os lo dará. Hasta ahora nada habéis pedido en mi nombre; pedid, y recibiréis, para que vuestro gozo sea cumplido" (Juan 16:23, 24).

En el versículo 27, Cristo nos explica por qué sucede así: "Pues el Padre mismo os ama, porque vosotros me habéis amado, y habéis creído que yo salí de Dios." El Padre nos ama debido a que creemos en Jesucristo; y como consecuencia de ello somos partícipes de la herencia del unigénito Hijo de Dios.

¡Dios es un Dios bueno! El desea darnos todo tipo de cosas buenas sólo con que se lo pidamos: "Pues si vosotros, siendo malos, sabéis dar buenas dádivas a vuestros hijos, ¿cuánto más vuestro Padre que está en los cielos dará buenas cosas a los que le pidan?" (Mateo 7:11).

Cristo vino a este mundo para traer redención y restauración al hombre caído; y cuando lo clavaron en la cruz, el Padre hizo posibles las condiciones a través de las cuales la humanidad podía ser restaurada a una completa comunión con su Dios. Así, Pablo afirma: "Que Dios estaba en Cristo reconciliando consigo al mundo, no tomándoles en cuenta a los hombres sus pecados, y nos encargó a nosotros la palabra de la reconciliación" (2 Corintios 5:19). En virtud de la obra reconciliadora del Padre, todos tenemos la posibilidad de salvarnos. Sin embargo, esa salvación ha de ser predicada hasta lo último de la tierra, a fin de dar la oportunidad a todos los hombres de aceptar o rechazar el evangelio —las Buenas Nuevas de que el precio ha sido pagado y que hay un acceso directo a Dios disponible para todo ser humano—. No obstante, la humanidad tiene que pedir y recibir esta gran bendición de la salvación. Un hombre debe solicitar de Cristo que perdone sus pecados por medio del arrepentimiento, así como que entre en su corazón. Aunque el don de la salvación está ahí para todos, la persona únicamente puede apropiarse de él pidiéndolo.

No sólo nuestra regeneración sucede como resultado de pedir lo que ha sido comprado para nosotros, sino que también la plenitud del Espíritu está disponible simplemente con pedirla: "¿Cuánto más vuestro Padre celestial dará el Espíritu Santo a los que se lo pidan?" (Lucas 11:13). Por lo tanto, el don de la salvación, la plenitud del Espíritu Santo y todos los otros dones, están a nuestra disposición si pedimos.

Santiago afirma que Dios no rechazará a nadie que le pida sabiduría, sino que se la dará en abundancia, siempre que pida con fe (véase Santiago 1:5). Los dones del Espíritu Santo pueden ser solicitados; y hay que pedir la sanidad, la liberación, la prosperidad y la bendición. También tenemos derecho a pedir un avivamiento: "Pedid a Jehová lluvia en la estación tardía. Jehová hará relámpagos, y os dará lluvia abundante. . ." (Zacarías 10:1). La bendición de Dios es algo que obtendremos con sólo pedirla. Dicha bendición, simbolizada en Zacarías por la lluvia, está a nuestro alcance ya que El nos ha mandado que la solicitemos.

De modo que es evidente que Dios quiere dar a sus hijos; sin embargo, debemos participar de una manera activa en la contestación a nuestras oraciones pidiendo.

¿De qué sirve pedir? ¿De qué forma podemos conseguir que nuestras oraciones de petición sean contestadas?

Cuatro son las condiciones que deben cumplirse para estar seguros de que nuestras oraciones recibirán una contestación afirmativa:

1. ¡Hemos de pedir con fe! Simplemente el pedir no le asegurará a usted una respuesta positiva: "Y todo lo que pidiereis en oración, creyendo, lo recibiréis" (Mateo 21:22).

2. ¡Tenemos que permanecer en Cristo! "Si permanecéis en mí, y mis palabras permanecen en vosotros, pedid todo lo que queréis y os será hecho" (Juan 15:7). Cuando permanecemos en oración, nos desarrollamos espiritualmente, de modo que sus deseos llegan a ser también los nuestros; así puede confiársenos ese cheque espiritual en blanco.

3. ¡Debemos tener la motivación adecuada! "Pedís, y no recibís, por-

que pedís mal, para gastar en vuestros deleites" (Santiago 4:3). Sabemos que Dios quiere darnos toda cosa buena; sin embargo, muchas de nuestras peticiones son el resultado del puro egoísmo. El deseo del Señor es que aquello que pedimos tenga como finalidad que El sea glorificado.

4. ¡Hemos de pedir conforme a la voluntad de Dios! ¿Significa esto que deberíamos preguntarnos si El quiere curarnos antes de orar por nuestra sanidad? ¡No! Esa es la razón por la cual resulta tan importante conocer las Escrituras. La Biblia nos dice cuál es la voluntad de Dios; de manera que cuando pedimos algo que El nos ha prometido, sabemos con certeza que estamos orando conforme a su voluntad: "Y esta es la confianza que tenemos en él, que si pedimos alguna cosa conforme a su voluntad, él nos oye. Y si sabemos que él nos oye en cualquier cosa que pidamos, sabemos que tenemos las peticiones que le hayamos hecho" (1 Juan 5:14, 15).

¿Cómo contesta Dios nuestras peticiones?

Dios responde a las oraciones que hacemos dentro del marco de su personalidad, es decir, no sólo nos da exactamente lo que le pedimos, sino que nos da en abundancia: "Mi Dios, pues, suplirá todo lo que os falta conforme a sus riquezas en gloria en Cristo Jesús" (Filipenses 4:19). Los recursos de Dios son ilimitados; y de esta manera suple todas nuestras necesidades. Por lo tanto, El no está falto de ninguna cosa buena, sino que tiene un almacén lleno para nosotros sólo con que aprendamos a abrir dicho almacén mediante la petición.

Aprendí estos principios en el comienzo de mi ministerio. Estudiando la Biblia, descubrí que Dios es un Dios bueno. Empecé mi pastorado en la zona más pobre durante la depresión económica tan difícil que hubo después de la guerra de Corea, y aprendí a ayunar —no porque fuera muy espiritual, ¡sino porque no tenía nada que comer!—; y, sin embargo, por medio de la oración y del estudio bíblico, descubrí que Dios no lo es solamente de América y de Europa; sino de cualquiera que aprende a confiar en El.

He contado esta historia muchas veces, pero siempre me quedo sorprendido de cuántos no la han oído nunca. Dicha historia ilustra perfectamente la manera de conseguir que nuestro Padre conteste las oraciones que le hacemos.

En el comienzo de mi ministerio estaba todavía soltero y por lo tanto vivía en una pequeña habitación. Durante el invierno solía envolverme con mantas, ya que no tenía nada para calentarme. Me veía en un apuro al predicar las cosas que estaba descubriendo en la Escritura referentes a la abundancia de Dios. Si Dios era tan bueno, y tenía unos recursos tan grandiosos y abundantes, ¿por qué era yo tan pobre? Esta es una pregunta que muchos aún se hacen; sobre todo en los países subdesarrollados.

Entonces decidí que necesitaba tres cosas. Puesto que no tenía posibilidad de visitar a los miembros de mi congregación, me era precisa una bicicleta; y ya que no contaba con nada sobre lo que apoyar la Biblia, necesitaba de veras un escritorio. Para acompañar a dicho escritorio me propuse además orar pidiendo una silla. Hoy día estas tres cosas nos parecen muy pequeñas; pero hace veinticinco años eran difíciles de encontrar en nuestra región.

No obstante, con plena confianza pedí a mi Padre celestial aquellos tres objetos: una silla, un escritorio y una bicicleta. Mes tras mes repetí mis peticiones a Dios, sintiendo que si solicitaba de manera continua la misma cosa, acabaría por oírme y contestaría; pero después de seis meses estaba desanimado. "Señor —oré con abatimiento—, sé que el tiempo no significa nada para ti; pero necesito realmente esas cosas ahora. Tal vez estás planeando esperar mucho más para contestar mi petición; no obstante, si tardas demasiado estaré muerto y ya no las necesitaré."

Entonces escuché decir a una voz tenue dentro de mí:

"Hijo, te oí el primer día que oraste hace seis meses."

"Bueno, ¿y por qué no me diste lo que te pedía?", inquirí.

"Me pediste una bicicleta, ¿no es así? —siguió diciendo Dios—. Sin embargo, las hay de muchas marcas, ¿de qué clase la quieres? También hay diversos tipos de escritorios hechos de diferentes maderas; ¿cuál deseas? Y lo mismo pasa con las sillas; existen de numerosas marcas y estilos."

Las palabras que oí aquella noche revolucionaron por completo mi vida; y decidí pedir a Dios tres artículos concretos: una bicicleta de fabricación estadounidense —en aquel entonces tenía tres opciones en cuanto a bicicletas, pero la americana era la más fuerte—; un escritorio de caoba filipina; y por último la silla, pero no una silla cualquiera: aquella tenía ruedecitas, para que pudiera trasladarme de un lugar a otro de la habitación como si fuera un personaje importante. En un plazo de dos semanas me dieron una bicicleta americana, ligeramente usada por el hijo de un misionero estadounidense, y tuve mi escritorio de caoba filipina y una silla para acompañar a dicho escritorio, ¡naturalmente con ruedecitas!

La parte divertida de la historia ocurrió antes de que llegara la provisión de Dios. Un domingo prediqué sobre Romanos 4:17: "(Como está escrito: Te he puesto [Abraham] por padre de muchas gentes) delante de Dios a quien creyó, el cual da vida a los muertos y llama las cosas que no son, como si fuesen." Y durante mi sermón me encontré diciendo con gran seguridad:

—Me han dado una bicicleta, una silla y un escritorio —y luego pasé a describir cada artículo.

Después del culto, tres jóvenes que ahora están en el ministerio me preguntaron:

—Pastor, ¿podemos ver esos tres grandes regalos que Dios le ha hecho?

Era comprensible que tuvieran curiosidad, ya que cualquiera de aquellas cosas se consideraban posesiones extraordinarias en aquella región.

De camino a casa me sentí preocupado por lo que iba a decirles a aquellos jóvenes cuando se encontraran con una habitación vacía. Al abrir la puerta, les vi mirar por mi pequeño y desnudo cuarto buscando la bicicleta, la silla y el escritorio. Por último, uno de ellos, con aspecto muy perplejo, preguntó:

—Pastor. . . ¿dónde están?

—¡Aquí! —exclamé señalando a mi estómago.

—¿Dónde? —replicaron todos.

—¡Aquí, aquí! Déjenme que se lo explique haciéndoles una pregunta —continué con calma, asombrado de mi propia contestación—: ¿Dónde estaban ustedes antes de nacer?

—En el vientre de mi madre —respondió por fin uno de ellos.

—¡Exacto! Ahora díganme: ¿existían antes de que les dieran a luz?

Sus rostros empezaron a iluminarse poco a poco.

—Naturalmente, existíamos dentro de nuestras madres.

—Sin embargo, nadie podía verles. . . —dije, explicándoles con una sonrisa lo que por último comprendieron que era mi condición—. ¡Sí, yo también estoy embarazado! ¡Lo estoy de una silla, un escritorio y una bicicleta fabricada en América!

Después de exclamar esto con orgullo vi que el gesto de sorpresa de sus rostros se convertía en diversión.

—¡De modo, pastor, que está usted embarazado! —dijeron riéndose a carcajadas.

Intenté advertirles que no hablaran a nadie acerca de ello; pero un hombre embarazado no podía mantenerse en secreto. Por todo el vecindario corrió la noticia de que el pastor de la iglesia local estaba embarazado. Las mujeres me miraban y sonreían cuando pasaba por su lado; y los niños me ponían las manos en el estómago para palpar la bicicleta.

Sin embargo, cuando Dios proveyó milagrosamente cada uno de aquellos objetos, el que sonreí fui yo. Así me enseñó Dios a ser específico en mis peticiones. Esta es la manera de orar con fe. ¡No pida generalidades! Sepa lo que necesita y apúntelo. ¡Explique a Dios en detalle qué es lo que pide; y luego empiece a confesar que ya lo ha recibido! Tal vez no quiera hacerlo en público; pero comience a dar gracias a Dios y a declarar que lo tiene. Recuerde que el Señor proveerá aquello que pedimos con fe.

Es algo significativo que Dios enseñara esto a un pastor de un pequeño país; ya que por lo general sólo los predicadores occidentales hablan acerca de la abundancia de Dios en cuanto a proveer para sus necesidades. Pero yo puedo testificar que Dios es capaz de hacer lo mismo por cualquier hombre o mujer que le pida conforme a su santa Palabra.

Con demasiada frecuencia son nuestras condiciones sociológicas o económicas las que dictan nuestro nivel de fe; por eso resulta tan importante que pidamos a Dios un aumento de nuestros sueños y visiones, que constituyen el lenguaje del Espíritu Santo. Teniendo una visión más amplia podemos ver la mayor provisión de Dios.

En cierta ocasión, Winston Churchill dijo que los grandes hombres procedían de grandes países, vivían en grandes momentos, y realizaban grandes tareas. Esto es así por lo general. Pero Jesucristo, el Hijo de Dios, era de una nación pequeña y débil: Israel. En el tiempo de la venida de nuestro Señor, el país se hallaba bajo la opresión del Imperio Romano; y aunque Jesús llevó a cabo la más extraordinaria de las tareas, desde luego no vivió en un gran momento para su tierra. Sin embargo, Cristo es el punto central de la historia humana.

Sin importar quién sea usted, puede tener influencia. Su vida es capaz de cambiar la nación donde vive y el mundo si conoce el secreto de cómo pedir en oración.

Salomón dijo: "La dádiva del hombre le ensancha el camino y le lleva delante de los grandes" (Proverbios 18:16). Dios desea darle a usted mucho más de lo que usted puede soñar o imaginar. ¡Pida al Señor el don que le haga tener el máximo efecto en su situación! ¡No se contente con el *statu quo*! Yo procedo de una familia, un país y unas circunstancias naturales pobres. Sin embargo, nunca he tenido que abrirme paso a la fuerza hasta la presencia de los grandes hombres (a los ojos del mundo). El don de gracia que Dios me ha concedido me ha llevado delante de reyes, reinas, presidentes y muchos líderes mundiales notables.

Si Dios puede hacer esto por mí, también es capaz de realizarlo por usted. Aunque esté leyendo este libro en un país pobre de la América Latina, su vida puede dejar huella en dicho país y en el mundo entero. Sea cual fuere el lugar en que se encuentre, el Señor tal vez quiera usarle en grandes fuegos de avivamiento que recorran Africa, Asia o Europa. ¡Pida, y recibirá!

5

ORAR ES FERVOR

Dios dijo a Moisés: "Mas si desde allí buscares a Jehová tu Dios, lo hallarás, si lo buscares de todo tu corazón y de toda tu alma" (Deuteronomio 4:29).

El hombre ha sido creado para desear la comunión con Dios. Existe un vacío en él que no puede llenar otra cosa que no sea una auténtica relación íntima con su Hacedor. Sea lo que fuera lo que adquiera el ser humano, no puede sustituir esa comunión que satisface la esencia misma del hombre, dando propósito a su vida y alimentando la médula de su alma.

Dios creó a Adán y le dio aliento de vida. El hombre fue antes un ser físico que un ser espiritual. La dimensión espiritual de Adán lo hacía capaz de gozar de comunión y compañerismo con Dios en medio del huerto "al aire del día". Sin embargo, el hombre perdió esa capacidad a causa del pecado; pero el Señor todavía deseaba tener comunión con él y tomó la iniciativa revelándose a Abram. Abram llegó a ser el padre (Abraham) de los creyentes que tendrían la oportunidad de relacionarse íntimamente con Dios.

Luego, Dios manifestó su presencia física sobre la tierra en el Tabernáculo de Moisés; no obstante, salvo pocas excepciones, sólo el Sumo Sacerdote podía entrar en la tercera parte de dicho Tabernáculo: el Lugar Santísimo.

Cuando por fin los israelitas reconocieron a David como rey, lo primero que éste hizo fue devolver el arca del pacto, símbolo de la presencia divina, el centro de la adoración de Israel. Sin embargo, en vez de colocarla en la tienda de Moisés, Dios pidió que se erigiese en Sion, el lugar donde estaba la casa personal de David: "Porque Jehová ha elegido a Sion; la quiso por habitación para sí" (Salmo 132:13). En Sion Dios tendría acceso directo al pueblo y comunión con él.

Pero de nuevo, la adoración de Israel se convirtió en algo ritual; y Dios tomó otra vez la iniciativa para restaurar su comunión con el hombre al venir en la persona de Jesucristo.

En la era de la Iglesia, hemos recibido el Espíritu Santo que nos guía al compañerismo y la comunión con el Padre y el Hijo. Jesús dijo en cierta ocasión: "El me glorificará; porque tomará de lo mío, y os lo hará saber. Todo lo que tiene el Padre es mío; por eso dije que tomará de lo mío, y os lo hará saber" (Juan 16:14, 15); y amplió: "Y el que me ama, será amado por mi Padre, y yo le amaré, y me manifestaré a él" (Juan 14:21). Luego, en el versículo 23, dijo: "El que ama, mi palabra guardará; y mi Padre le amará, y vendremos a él, y haremos morada con él."

La oración de petición es importante para conseguir lo que necesitamos de Dios; no obstante, orar consiste en mucho más que en pedir. Jesús dijo: "¡Buscad y hallaréis!" Dios no es únicamente un centro de ayuda del que podemos obtener todo cuanto necesitamos, por nobles que sean nuestros motivos; se trata de un ser vivo que busca nuestra comunión: "Mas la hora viene, y ahora es, cuando los verdaderos adoradores adorarán al Padre en espíritu y en verdad; porque también el Padre tales adoradores busca que le adoren" (Juan 4:23).

Por lo tanto, el siguiente nivel de oración, por encima del "pedir", es el "buscar". Esto no descarta en modo alguno el pedir: lo mayor nunca excluye lo menor; ¡pero lo menor siempre está incluido en lo más mayor!

El apóstol Pablo vivía una vida de comunión con Cristo en la oración. Así testifica a la iglesia de Filipos: "Pero cuantas cosas eran para mí ganancia, las he estimado como pérdida por amor de Cristo. Y ciertamente, aún estimo todas las cosas como pérdida por la excelencia del conocimiento de Cristo Jesús, mi Señor, por amor del cual lo he perdido todo, y lo tengo por basura, para ganar a Cristo" (Filipenses 3:7, 8). ¿Cómo podía Pablo ganar a Cristo? Recuerde que la salvación es el don de Dios por gracia mediante la fe. En Filipenses 3 Pablo se refiere a algo más que a recibir a Cristo y ser salvos; está hablando de tener una comunión y un compañerismo más profundos con el Señor. Este tipo de oración no se otorga gratuitamente, sino que debe buscarse; y por lo tanto requiere esfuerzo. ¿Qué recibía el apóstol de esa clase de comunión? El mismo nos da la respuesta en el versículo 10: "A fin de conocerle, y el poder de su resurrección, y la participación de sus padecimientos, llegando a ser semejante a él en su muerte." Y otra vez: "Prosigo a la meta, al premio del supremo llamamiento de Dios en Cristo Jesús" (versículo 14).

En el versículo 15, Pablo nos desafía a cada uno de nosotros diciendo: "Así que todos los que somos perfectos (maduros), esto mismo sintamos. . ."; revelando así que la señal de la madurez espiritual es querer alcanzar ese nivel en el que participamos en una comunión y un compañerismo íntimos con Cristo. Dios es amor; y el amor requiere ser satisfecho por medio de tales cosas. De modo que la misma naturaleza de Dios precisa aquello que nos ha dado el privilegio de poder ofrecerle: la comunión.

No necesito un despertador que me sacuda todas las mañanas antes de la cinco; simplemente oigo que llaman a la puerta de mi corazón, y eso me despierta. Luego, escucho al Señor decir: "Cho, ¡ha llegado el momento de nuestra reunión! Quiero tener comunión contigo." Sin embargo, esta constante relación con Cristo no la obtuve sólo con pedir.

¿Y qué buscamos?

Debemos buscar al Señor, porque en El se halla encerrada toda cosa preciosa: "En quien están escondidos todos los tesoros de la sabiduría y del conocimiento" (Colosenses 2:3).

En Colosenses, Pablo concibe la iglesia como un campo en el que hay un tesoro escondido; aunque dicho tesoro no es material, sino espiritual: se compone de sabiduría y conocimiento.

Cuando los cristianos jóvenes oran, se acercan al trono de la gracia, por lo general, en momentos de necesidad: van a Dios porque quieren algo. Esto es al mismo tiempo bueno e importante. El Señor quiere que pidamos. Sin embargo, muchas personas consideran a Cristo simplemente como una tienda a la que pueden ir con su lista de compra y obtener todos los artículos apuntados en ella. No obstante, cada uno de los grandes misterios, las riquezas del conocimiento, el origen del gozo total y absoluto, la esencia del amor, están esperando como un tesoro escondido en Jesús. Los que son sabios venderán todo cuanto poseen y comprarán ese campo a fin de poder obtener dicho tesoro.

Moisés dijo: "Las cosas secretas pertenecen a Jehová nuestro Dios; mas las reveladas son para nosotros y para nuestros hijos para siempre" (Deuteronomio 29:29). En la Escritura está lo que todo el mundo puede ver; pero Dios quiere llevarnos a una comunión tan íntima consigo mismo que le sea posible compartir con nosotros sus tesoros más recónditos de sabiduría y conocimiento. Un tesoro no sería digno de ese nombre si se pudiera echar mano del mismo con facilidad; por lo tanto, el tesoro espiritual de Dios ha de buscarse en oración.

Hace muchos años aprendí que el obtener los tesoros que Dios quiere darme requiere un esfuerzo: "Yo amo a los que me aman, y me hallan los que temprano me buscan. Las riquezas y la honra están conmigo; riquezas duraderas, y justicia. Mejor es mi fruto que el oro, y que oro refinado; y mi rédito mejor que la plata escogida" (Proverbios 8:17–19).

El cristiano perezoso no está dispuesto a buscar; y por lo tanto nunca goza de la plenitud de la bendición que Dios desea para El. Se requiere esfuerzo y disciplina para vivir a la puerta de la casa del Señor. Recuerde que ahora soy pastor de la iglesia más grande del mundo, con más de 370.000 miembros. Estoy sumamente ocupado. ¿Por qué viene tanta gente a mi iglesia? ¿Es sólo debido al sistema de grupos de célula? Aunque dicho sistema de grupos de célula ha sido el medio más eficaz mediante el cual la mayoría de nuestros miembros han conocido a Cristo, no es esa la razón principal por la que miles de personas esperan todos los domingos a fin de poder conseguir asiento para cada uno de nuestros siete cultos. Vienen para ser alimentadas con la Palabra de Dios. ¿Y dónde recibo mis mensajes? Los obtengo de mi Señor, en oración y comunión y compañerismo íntimos. Esto es algo indispensable para todos los cristianos sabios: "Atended el consejo, y sed sabios, y no lo menospreciéis.

Bienaventurado el hombre que me escucha, velando a mis puertas cada día, aguardando a los postes de mis puertas. Porque el que me halle, hallará la vida, y alcanzará el favor de Jehová" (Proverbios 8:33–35).

Si no tiene usted una vida cristiana emocionante, es que no ha aprendido a buscar al Señor. Si su estudio de la Palabra de Dios no le trae una comprensión renovada de la realidad espiritual, quizás no haya entrado usted nunca en esa segunda fase de la oración: ¡busque y hallará!

6

ORAR ES INTERCEDER

Aunque orar significa pedir a Dios, y asimismo buscarle en comunión y compañerismo profundo, también es interceder delante de El en el Espíritu Santo. De manera que la oración de intercesión es el tercer nivel en el cual compartimos la carga de Cristo por una persona, circunstancia o necesidad de cualquier parte del mundo. La intercesión representa ese tercer nivel de oración en el que podemos llegar a ser participantes de los sufrimientos de Cristo.

Cuando oro en el Espíritu Santo, sé que algunas de mis oraciones son por personas y circunstancias de otras partes del mundo. Tal vez yo no conozca la necesidad precisa, pero el Espíritu sí la conoce; y El me utiliza para orar hasta que estoy convencido de que Dios ha satisfecho dicha necesidad.

Cierto amigo misionero me contó una historia milagrosa que muestra la importancia de la intercesión. Un equipo evangelístico se encontraba en cierta ocasión en un desierto de Africa, y una tormenta de viento les había obligado a salirse de su ruta, obstaculizando así su viaje. Dos días después habían agotado su reserva de agua, y vagaban desvalidos por el desierto sufriendo de deshidratación. De repente, apareció una charca y se salvaron. Más tarde, al volver al lugar de su liberación, vieron que no había allí ninguna charca. En el momento de su mayor necesidad, alguien había estado intercediendo por ellos y Dios había realizado un milagro.

En 1964, conocí a una señora que compartió conmigo su experiencia de intercesión por nuestra iglesia. Tras fundar mi primera congregación fuera de Seúl, empecé una iglesia en el centro de la capital de nuestro país. Veinte años antes de que yo comenzara dicha iglesia en Seúl, aquella mujer había tenido tres visiones de la misma e intercedido por nosotros en el Espíritu después de cada una de ellas. Cuando la mujer oraba en 1944, estábamos todavía bajo la ocupación japonesa, y no existía siquiera el pensamiento de nuestra iglesia. Sin embargo, el Espíritu Santo sabía ya que la Iglesia Sudaemoon —así se llamaba a causa de su situación— habría de convertirse en la Iglesia Central del Evangelio Completo.

Dios utilizó a aquella fiel mujer intercesora para que el Espíritu Santo descendiera sobre la zona años antes de cumplirse la visión. Al igual que la simiente produce vida en el plano humano de la existencia, también el Espíritu Santo lleva en sí toda la dinámica de la vida cuando se posa sobre un lugar determinado.

Este punto es tan importante que debo explicarlo con más detalle. En la concepción de un niño, el óvulo de la mujer y el esperma del hombre poseen un código (genético) muy complejo, que es en realidad el programa a desarrollar en el futuro; y cuando el Espíritu Santo engendra, también gran parte de la dinámica de la vida la determina la voluntad de Dios que Él tiene el encargo de cumplir.

En 1944, nadie en el centro de Seúl se imaginaba que con el tiempo Dios establecería allí un instrumento mediante el cual toda la nación de Corea se vería afectada por el evangelio. Sin embargo, el Espíritu Santo, que conoce la mente de Dios, lo sabía; y por lo tanto levantó a un "guerrero intercesor" para orar en el Espíritu veinte años antes de que la realidad de esa intercesión se hiciera evidente.

La mujer vio realmente que se trataría de la iglesia más grande del mundo. Era como Simeón y Ana (lea Lucas 2:25–39): que sabían que el niño de tan sólo ocho días que tenían delante habría de ser el Mesías de Israel.

¿Cuáles son las cualidades de un intercesor?

Simeón es un ejemplo perfecto de las cualidades que debe reunir un intercesor:

1. ¡Era piadoso! El que se dedica al ministerio de intercesión debe ser una persona entregada a la oración.
2. ¡Tenía paciencia! La Escritura dice que Simeón esperaba la consolación de Israel. Mientras la mayoría de la gente buscaba una solución política, Simeón sabía que la solución para el pueblo judío había de ser espiritual; por lo tanto, pudo esperar muchos años antes de ver el resultado de sus oraciones.
3. ¡Estaba lleno del Espíritu Santo! Sólo un hombre sobre el cual reposa el Espíritu de Dios puede llevar el peso de la intercesión.
4. ¡Confiaba! A Simeón le había sido revelado que vería la respuesta a sus oraciones antes de morir; por lo tanto, estuvo yendo fielmente al templo a diario durante muchos años, hasta que llegó el día en que llevaron allí a Cristo.
5. ¡Era un hombre de visión! La profecía que dio acerca del niño Jesús maravilló a José y a María. De modo que comprendía más acerca de Cristo que su madre natural y su padrastro.

Así que antes del nacimiento de Cristo el Espíritu Santo había levantado a dos fieles intercesores, que pasaron muchos años ayunando y orando por la venida del Mesías, y a quienes Dios hizo vivir lo suficiente para ver el resultado de sus oraciones; por lo que su ministerio de intercesión ha quedado registrado para siempre en las Escrituras.

La intercesión es necesaria para el cumplimiento de la voluntad divina. Eso no quiere decir que Dios sea incapaz de realizar su voluntad, sino que El ha decidido incluirnos en la realización de esa voluntad. Por lo tanto, los que participan en un ministerio de intercesión se convierten, en realidad, en parte integrante del cumplimiento de los planes y propósitos de Dios.

¿Por qué es necesaria la intercesión?

Antes de poder comprender la necesidad de la intercesión, debemos de entender qué somos en esta tierra los seguidores de Cristo.

¡Somos la sal de la tierra! (Véase Mateo 5:13.)

La sal da sabor a aquellas cosas con las cuales entra en contacto. Job dice: "¿Se comerá lo desabrido sin sal?" (Job 6:6). La iglesia debe actuar como sal en este mundo. Es nuestra presencia sobre la tierra pecaminosa en que vivimos lo que impide que Dios la destruya, como hizo con Sodoma y Gomorra. El Señor pone sobre nosotros la responsabilidad de detener el Juicio Final dando tiempo al hombre para que acepte o rechace a Jesucristo como Salvador.

Igualmente, somos embajadores de Cristo (2 Corintios 5:20); y por lo tanto hemos sido enviados en calidad oficial por nuestro gobierno (el reino de Dios) para representar sus intereses en suelo extranjero. La práctica normal de dos gobiernos en guerra es primeramente retirar sus embajadores; de modo que el hecho de que aún nos encontremos en esta tierra indica que Dios todavía está teniendo paciencia con el pecado del mundo y que aún hay tiempo para predicar el evangelio.

La sal refrena asimismo el proceso de descomposición. Antes de que existieran aparatos frigoríficos, los viajeros tenían que cubrir su provisión de carne con sal para asegurarse de que no se echara a perder. El espíritu del anticristo ha estado activo desde el siglo I. Juan escribía: "Y todo espíritu que no confiesa que Jesucristo ha venido en carne, no es de Dios; y este es el espíritu del anticristo, el cual vosotros habéis oído que viene, y que ahora ya está en el mundo. Hijitos, vosotros sois de Dios, y los habéis vencido; porque mayor es el que está en vosotros que el que está en el mundo" (1 Juan 4:3, 4).

Ese espíritu del anticristo, que es el espíritu de la iniquidad, ha estado operando en el mundo cada vez con mayor influencia; y por último producirá al anticristo mismo. El Espíritu Santo, por medio de la Iglesia, detiene esas fuerzas contrarias a Dios, hasta que la fuerza positiva que representan los creyentes sea quitada de en medio.

A medida que vamos madurando, comprendemos que el ser cristiano no sólo implica privilegios, sino también responsabilidades. Puesto que constituimos la barrera principal contra la influencia de Satanás en este mundo, hemos de darnos cuenta de la importancia que tiene la intercesión por medio de la oración.

Si no captamos la visión de nuestro papel como sal de esta tierra, y permitimos perezosamente que el mal consiga controlar las circunstancias naturales que prevalecen en nuestros respectivos países, esa sal habrá perdido su sabor. Si ello sucede, Jesús dijo que "no sirve más para nada, sino para ser echada fuera y hollada por los hombres" (Mateo 5:13).

Dios también nos ha llamado a ser un reino de sacerdotes, y como sacerdocio real hemos recibido autoridad. La labor del sacerdote en el Antiguo Testamento era interceder por su pueblo delante del propiciatorio. Así también nosotros, con nuestra intercesión, representamos el papel de sacerdotes neotestamentarios que se ponen en la brecha por las necesidades del pueblo de Dios.

Dios ha determinado que sus hijos compartan el gobierno con Jesucristo. El no rige sobre nosotros sin darnos ninguna responsabilidad; sino que ha delegado su autoridad para que le asistamos en el dominio de la tierra: "Y sometió todas las cosas bajo sus pies, y lo dio por cabeza sobre todas las cosas a la iglesia, la cual es su cuerpo, la plenitud de Aquel que todo lo llena en todo" (Efesios 1:22, 23). Luego, en Efesios 2, Pablo amplía nuestro papel de gobernantes: "Y juntamente con él nos resucitó, y asimismo nos hizo sentar en los lugares celestiales con Cristo Jesús" (v. 6).

En el ejercicio de la autoridad espiritual, recibimos nuestro conocimiento y nuestra sabiduría naturales avivados por el Espíritu Santo, así como el conocimiento espiritual que sobrepasa con mucho el nuestro propio. Este conocimiento nos lo da el Espíritu (véase 1 Corintios 2:7–10).

El pasaje del Antiguo Testamento que más se cita en el Nuevo, es el Salmo 110. Para comprender mejor como podemos usar nuestra autoridad en la intercesión, resulta muy importante que estudiemos este Salmo cuidadosamente:

> Jehová dijo a mi Señor:
> Siéntate a mi diestra,
> Hasta que ponga a tus enemigos por estrado de tus pies.
> Jehová enviará desde Sion la vara de tu poder;
> Domina en medio de tus enemigos.
> Tu pueblo se te ofrecerá voluntariamente en el día de tu poder,
> En la hermosura de la santidad.
> Desde el seno de la aurora Tienes tú el rocío de tu juventud.
> Juró Jehová, y no se arrepentirá:
> Tú eres sacerdote para siempre
> Según el orden de Melquisedec.
> El Señor está a tu diestra;
> Quebrantará a los reyes en el día de su ira.
> Juzgará entre las naciones,
> Las llenará de cadáveres;
> Quebrantará las cabezas en muchas tierras.
> Del arroyo beberá en el camino,
> Por lo cual levantará la cabeza.

En este importante salmo, se representa a Cristo como supremo gobernante de la tierra y sumo sacerdote según el orden espiritual de Melquisedec. Hebreos amplía el papel que se representa de Jesús como sacerdote espiritual, cuando dice: "Viviendo siempre [Cristo] para interceder por ellos" (Hebreos 7:25). El dominio de Cristo es único, porque lo ejerce en medio de sus enemigos. David tenía un trono físico entre sus adversarios. Así Jesucristo, sin contar con la clara posesión de los tronos materiales de la tierra, lo domina todo por completo.

La vara, que en la Biblia es símbolo de autoridad, sale de Sion: el nombre que se da al pueblo de Dios. Por lo tanto, la forma en que el mundo experimenta el dominio de Cristo en este tiempo presente es a través del ejercicio por parte de la Iglesia de la autoridad que posee; particularmente en la intercesión.

Ahora que tenemos conocimiento de nuestro lugar espiritual en esta tierra como sal, sacerdotes reales y copartícipes con Cristo en su trono, podemos comprender cómo obra y por qué es necesaria la intercesión.

Como vimos en la oración de Daniel, Satanás se opone a la voluntad de Dios, no sólo en lo referente a la iglesia, sino al mundo entero. Habiendo recibido autoridad sobre esta era (al diablo se le llama "el dios de este siglo"), todo su poder se dirige contra el pueblo de Dios, que, como hemos observado, está llamado a ejercer la autoridad de Cristo.

Sabiendo que la Iglesia es el principal obstáculo para la realización de sus propósitos en la tierra, Satanás ha salido para devorar como un león rugiente; a pesar de lo cual el evangelio de Cristo debe ser predicado y las naciones traídas al conocimiento de Dios. Se trata de dos intereses en pugna; y como hemos aprendido de la historia, las guerras surgen a causa de los intereses contrarios entre las naciones.

Al interceder, el cristiano desempeña la función sacerdotal de proporcionar una base terrenal para los intereses celestiales de Dios. Esta era se ha convertido en el campo de batalla para las dos fuerzas opuestas; pero el Señor cuenta con un grupo en el suelo extranjero capaz de ejercer en este siglo la influencia de la era por venir. Por lo tanto, el presente mundo natural puede colocarse bajo el control evidente del reino de Dios.

Mientras Israel hacía la guerra con o contra sus enemigos, Moisés levantaba las manos; pero cuando dejaba que éstas decayeran, el pueblo de Dios sufría por ello. He aquí un símbolo claro de cómo opera la intercesión.

El precio de la intercesión

Para comprender cuál es el precio de la intercesión, hemos de entender primero el sufrimiento presente de Cristo. En el camino de Damasco, Pablo vio de repente una luz cegadora; y mientras sus compañeros oían truenos, él escuchó aquella clara voz del cielo que decía: "Saulo, Saulo, ¿por qué me persigues?"

La respuesta de Pablo fue: "¿Quién eres, Señor?"

Y Cristo contestó: "Yo soy Jesús, a quien tú persigues."

Saulo, que después sería conocido como el apóstol Pablo, jamás pensó que estuviera persiguiendo al Señor Jesucristo; sólo hostigaba a la Iglesia. Sin embargo, el Señor no le preguntó por qué perseguía a su pueblo; sino por qué lo acosaba a El.

Somos el cuerpo de Cristo; y lo que sentimos como miembros suyos, El también lo siente como nuestra cabeza. El daño y el sufrimiento nunca se han experimentado en la superficie de una herida; el verdadero dolor se siente en el cerebro, que está situado en la cabeza. El cerebro puede proyectar ese dolor a la parte del cuerpo que sufre el daño, a fin de que ésta haga los ajustes oportunos. Eso mismo sucede con el cuerpo de Cristo: lo que nosotros sentimos, lo siente El igualmente; y si sufrimos, El también sufre, aunque, como cabeza, su sufrimiento es más intenso.

Es cierto que los más próximos a nosotros son los que más nos pueden herir; y, lamentablemente, algunos cristianos vuelven al mundo después de rechazar a nuestro precioso Salvador que murió por ellos. El libro de Hebreos dice: "Crucificando de nuevo para sí mismos al Hijo de Dios y exponiéndole a vituperio" (Hebreos 6:6). Por lo tanto, Cristo vuelve a sufrir el dolor que experimentó en la cruz cada vez que un creyente se vuelve al mundo.

En la oración de intercesión, los cristianos comparten el sufrimiento de Cristo por una necesidad particular de su cuerpo. Una vez, en Africa, cierto ministro estaba predicando en una gran campaña evangelística, y durante la noche se despertó llorando. Al ponerse a orar, oyó que repetía una y otra vez un nombre extraño, y al continuar en oración experimentó un dolor intenso. Después de varias horas desapareció la carga y cesó la intercesión. Al día siguiente los periódicos publicaban una extraña noticia: durante la noche, una aldea cristiana había sido asesinada en masa. El nombre del pueblo era el mismo por el cual el ministro había estado llorando la noche anterior. Cristo sufría el dolor de los suyos; pero pudo encontrar a alguien dispuesto a compartir su sufrimiento e interceder en el espíritu.

Pablo dijo: "A fin de conocerle, y el poder de la resurrección, y la participación de sus padecimientos" (Filipenses 3:10). En este pasaje, el apóstol indicaba que no sólo estaba dispuesto a disfrutar del poder de la resurrección de Jesús, sino a tener comunión con El en sus sufrimientos.

En nuestra iglesia nos hemos comprometido a llevar a cabo un ministerio de intercesión. Hemos aprendido a pedir; de modo que vemos suplidas nuestras necesidades. También estamos entregados a la oración devocional; así que disfrutamos de comunión con nuestro precioso Señor.

Pero, más que nunca, nos dedicamos a interceder; por lo cual estamos viendo un avivamiento en nuestro país y lo veremos en todo el mundo.

No hay ningún otro lugar de la tierra que cuente con tres mil a diez mil personas ayunando y orando ininterrumpidamente. Hemos tomado en serio la batalla que Dios ha mandado que peleemos, así como las armas espirituales que nos asegurarán la victoria; y somos conscientes de que el campo de batalla es el corazón de los hombres en todo el mundo. Tenemos asimismo la certeza de la victoria final que podemos compartir con el Rey de Gloria.

¿Por qué puerta entramos con la intercesión mediante las oraciones?

Además de su sentido corriente de entrada a una casa o edificio, la palabra "puerta" tiene otro metafórico que expresa el acceso a cualquier experiencia espiritual u oportunidad. Por lo tanto, Jesús dijo: "Yo soy la puerta." Cristo es el medio para llegar al Padre.

Pablo empleó la palabra para describir una oportunidad: "Cuando llegué a Troas para predicar el evangelio de Cristo, aunque se me abrió puerta en el Señor, no tuve reposo en mi espíritu. . ." (2 Corintios 2:12, 13).

Juan, escribiendo a la iglesia en Filadelfia, comparte la revelación recibida de Cristo: "Yo conozco tus obras; he aquí, he puesto delante de ti una puerta abierta, la cual nadie puede cerrar. . ." (Apocalipsis 3:8).

Las puertas no representan únicamente oportunidades de predicar el evangelio de Jesucristo a comunidades enteras; sino que también son oportunidades a nivel personal. Como el Señor confirma: "He aquí, yo estoy a la puerta y llamo; si alguno oye mi voz y abre la puerta, entraré a él, y cenaré con él, y él conmigo" (Apocalipsis 3:20).

Hay puertas que dan a naciones y grupos étnicos, las cuales es posible abrir. Cuando una de esas puertas se abre, dichas naciones o grupos étnicos pueden recibir la fe y creer: "Y habiendo llegado, y reunido a la iglesia, refirieron cuán grandes cosas había hecho Dios con ellos, y cómo había abierto la puerta de la fe a los gentiles" (Hechos 14:27).

Entrar por una puerta de oportunidad significa enfrentarse a la oposición espiritual de los principados y potestades que impiden que las naciones escuchen el evangelio y respondan a él: "Porque se me ha abierto puerta grande y eficaz, y muchos son los adversarios" (1 Corintios 16:9).

Sólo el Señor Jesucristo puede abrir una puerta que ha estado cerrada al evangelio: "Cuando llegué a Troas para predicar el evangelio de Cristo, aunque se me abrió puerta en el Señor. . ." (2 Corintios 2:12).

¿Cómo podemos abrir las puertas de la fe y de la oportunidad? Ya hemos visto que es el Señor quien debe hacerlo. Sin embargo, Dios nos ha hecho miembros de su cuerpo; lo que significa que la Cabeza ha optado por funcionar mediante los miembros que tiene en la tierra. De modo que necesitamos la intercesión para oponernos a las fuerzas espirituales que mantienen cerradas las puertas. Una vez que las oraciones despejan el camino, Cristo puede abrir la puerta y salvar a toda una ciudad, nación o raza. Pablo confirma esto: "Orando también al mismo tiempo por nosotros, para que el Señor nos abra puerta para la palabra, a fin de dar a conocer el misterio de Cristo, por el cual también estoy preso, para que la manifieste como debo hablar" (Colosenses 4:3).

Cristo no sólo quiere abrir a su pueblo puertas de la oportunidad para predicar el evangelio, sino también de revelación y conocimiento. Estas también son necesarias. Jesús repite continuamente: "El que tiene oído, oiga." Esta expresión, dirigida a las iglesias de Apocalipsis capítulos 2 y 3, indica que muchas veces no comprendemos lo que oímos. Hay que abrir las puertas del entendimiento para que nuestra mente pueda captar lo que Dios desea revelarnos: "Después de esto miré, y he aquí una puerta abierta en el cielo; y la primera voz que oí, como de trompeta, hablando conmigo, dijo: Sube acá, y yo te mostraré las cosas que sucederán después de éstas. Y al instante yo estaba en el Espíritu. . ." (Apocalipsis 4:1, 2).

En Hechos vemos cómo Dios es capaz de abrir una puerta de oportunidad y de mantenerla abierta para que podamos predicar el evangelio sin impedimento espiritual. Pablo había sido acusado y trasladado a Roma, que en aquel tiempo era el centro del pecado, y el apóstol oraba y pedía a otros que intercedieran por él en oración hasta que por último la puerta de Roma se abrió: "Y Pablo permaneció dos años enteros en una casa alquilada, y recibía a todos los que a él venían, predicando el reino de Dios y enseñando acerca del Señor Jesucristo, abiertamente y sin impedimento" (Hechos 28:30, 31). Así termina el libro de Hechos. Es significativo que el Espíritu Santo "cierre" dicho libro con una puerta abierta. Naturalmente, la mayoría de nosotros sabemos que Hechos acaba sin el final adecuado en cuanto a gramática; de lo que podemos deducir que (puesto que Lucas era médico y tenía un dominio excelente del griego) el libro se está escribiendo todavía, mientras la iglesia sigue realizando los "hechos" del Espíritu Santo.

Aunque sabemos que al final Pablo fue ejecutado, la historia oficial de la Iglesia primitiva termina con una nota positiva. ¡Nadie puede impedir la predicación del evangelio cuando Dios ha abierto la puerta de la oportunidad espiritual!

A Dios le es posible incluso detener la oposición procedente de nuestros mismos hermanos en Cristo. Es lamentable que gran parte de nuestra energía se malgaste debido a la falta de unidad en la iglesia. En vez de luchar contra nuestro verdadero enemigo, el diablo, muchos creyentes pelean entre sí. No obstante, una puerta espiritual abierta puede asimismo bloquear la oposición que surge de dentro. Pablo también experimentó esto en Hechos 28: "Entonces ellos le dijeron: Nosotros ni hemos recibido de Judea (el centro de la oposición a Pablo) cartas acerca de ti, ni ha venido alguno de los hermanos que haya denunciado o hablado algún mal de ti" (versículo 21).

Lo que resulta evidente es que por todo el mundo los cristianos necesitan comprender y llegar al tercer nivel de la oración: la intercesión.

¡Llamad y se os abrirá la puerta!

Como ya dije antes, no podemos ser demasiado específicos al dividir los tres tipos de oración: es posible pedir, tener comunión e interceder en la misma oración. Resulta difícil interceder sin estar en comunión con Cristo. Nuestras peticiones tendrán más eficacia acompañadas de la comunión. Nuestra intercesión incluye peticiones, compañerismo y comunión; sin embargo, si comprendemos esos tres tipos de oración podemos orar con mayor eficacia.

Cuando somos recién convertidos, tenemos el concepto de la oración como un medio para obtener cosas de Dios; luego, con el tiempo, comenzamos a madurar y deseamos algo más. El sentimiento que produce la novedad de nuestra experiencia ya no es tan fuerte, de modo que podemos pensar que estamos decayendo, cuando lo que sucede en realidad es que se nos está destetando espiritualmente, a fin de prepararnos para la comida de adultos. Entonces debemos tener comunión y compañerismo con Cristo a través de la obra del Espíritu Santo.

Después que hemos comenzado nuestra relación personal con el Señor, empezamos a sentir lo que El siente. No podemos seguir permitiendo que las cosas continúen como están, y nos alistamos de voluntarios en el ejército de la oración. David profetizó: "Tu pueblo se te ofrecerá voluntariamente en el día de tu poder."

¿Por qué estamos experimentando un avivamiento continuo en Corea? Nos hemos alistado como voluntarios para orar hasta que el evangelio sea predicado en todo el mundo. ¡Las puertas se abrirán al ser atadas las fuerzas espirituales en el nombre de Jesús!

Tercera parte:

Formas de orar

La oración adopta diferentes formas en nuestra vida cristiana. Mi deseo es compartir con usted las que practicamos en la Iglesia Yoido del Evangelio Completo de Seúl, Corea. No es que nosotros hayamos agotado todas las formas que existen; tal vez usted conozca alguna que no he incluido en esta sección. Sin embargo, lo que me dispongo a compartir se basa en nuestra experiencia y en muchos sentidos explica la causa de nuestro extraordinario crecimiento.

7

SU VIDA DEVOCIONAL

Para garantizar nuestro continuo crecimiento como cristiano, debemos tener una vida devocional constante. Si dejamos de orar, empezaremos a perder velocidad al tiempo que pasamos del ímpetu al impulso, como ya expliqué anteriormente.

En muchas partes del mundo el cristianismo se ha convertido en una religión tradicional: llena de ritualismo y con poca vida palpitante. En esta era acelerada en que vivimos, a la gente le resulta difícil iniciar y mantener una vida devocional como individuos. La televisión desempeña un papel cada vez más dominante en nuestro diario vivir, lo cual supone un despilfarro mayor de tiempo que podría ser dedicado a la oración. Lo que sucede es que cuanto más avanzada se hace la civilización, tantas más distracciones existen para impedir que hombres y mujeres oren a diario; y lo único que puede evitar que caigamos en esta trampa, es comprender la importancia de nuestro devocional diario.

Hay muchas razones por las que deberíamos orar todos los días; he aquí sólo dos de ellas:

1. Nuestro día debe comenzar con oración, porque entonces Dios responde. Al Señor le gusta tomar posesión de nuestro corazón desde el amanecer: "Del río sus corrientes alegran la ciudad de Dios, el santuario de las moradas del Altísimo. Dios está en medio de ella; no será conmovida. Dios la ayudará al clarear la mañana" (Salmo 46:4, 5).

"Despierta, alma mía; despierta, salterio y arpa; me levantaré de mañana" (Salmo 57:8). David repite esta afirmación en el Salmo 108, versículo 2. Ambos versículos indican la práctica que tenía el rey David de levantarse temprano cada mañana para alabar y adorar al Señor. No es de extrañar que Dios testificara de él que era un hombre según su corazón.

Sin embargo, David no sólo adoraba y alababa a Dios por la mañana temprano, sino que también lo *buscaba* durante esa preciada hora matutina: "Dios, Dios mío eres tú; de madrugada te buscaré; mi alma tiene sed de ti, mi carne te anhela, en tierra seca y árida donde no hay aguas, para ver tu poder y tu gloria, así como te he mirado en el santuario. Porque mejor es tu misericordia que la vida; mis labios te alabarán. Así te bendeciré en mi vida; en tu nombre alzaré mis manos" (Salmo 63:1–4).

Dios ha prometido a los que practican el levantarse temprano para buscar al Señor, que le encontrarán: "Yo amo a los que me aman, y me hallan los que temprano me buscan" (Proverbios 8:17).

2. Cuando comenzamos nuestro día en oración tenemos la fuerza espiritual y física necesaria para cumplir con nuestras responsabilidades: "Con mi alma te he deseado en la noche, y en tanto que me dure el espíritu dentro de mí, madrugaré a buscarte; porque luego que hay juicios tuyos en la tierra, los moradores del mundo aprenden justicia" (Isaías 26:9).

Isaías aprendió los juicio de Dios en su espíritu buscando al Señor de madrugada; y yo he comprendido que la sabiduría divina que viene a mí en mis devociones por la mañana temprano, me permiten ser más eficiente: en pocos minutos sé lo que Dios quiere en cada situación. No tengo que pasar días juzgando un asunto, porque tengo la mente de Cristo.

Nuestro tiempo devocional no sólo debe incluir oración, sino también una lectura de la Biblia.

Con mucha frecuencia, los que somos pastores vamos a las Escrituras únicamente para buscar mensajes que predicar. Sin embargo, debemos leer la Biblia a fin de recibir alimento espiritual para nuestro propio corazón: "En mi corazón he guardado tus dichos, para no pecar contra ti" (Salmo 119:11); "La exposición de tus palabras alumbra; hace entender a los simples" (Salmo 119:130).

Si le damos la oportunidad, Dios puede hablarnos mediante la Escritura. Las horas matutinas encuentran nuestra mente libre de todos los conflictos del día; y de este modo podemos recibir la dirección e instrucción del Señor procedentes de su santa Palabra.

Como ministro del evangelio, debo recordar que mi enseñanza y predicación han de ser una extensión de mi propio estudio personal; y los creyentes que me oyen serán bendecidos del mismo modo que yo lo soy por la Palabra de Dios. Sólo puedo motivar si yo mismo estoy motivado, e inspirar si recibo inspiración del Espíritu Santo; de modo que necesito leer la Biblia como parte de mi vida devocional diaria.

8

SUS DEVOCIONES FAMILIARES

Aunque se trate de algo bien sabido y a menudo repetido, sigue siendo cierto que las familias que oran juntas permanecen unidas.

La televisión se está convirtiendo no sólo en América, sino en la mayor parte del mundo, en el centro de casi todas las actividades familiares. Entre los videojuegos, las noticias y la programación de las diferentes cadenas, las familias encuentran cada vez más difícil comer juntas; y no digamos orar juntas. Se han publicado algunos informes que indican que el niño norteamericano promedio pasa cuarenta horas semanales viendo la televisión; y cada año aumenta ese tiempo.

La tasa de divorcios se ha elevado súbitamente. ¡En algunas comunidades se divorcia más gente de la que se casa! Satanás parece estar ganando la guerra que se libra en el hogar. ¿Qué impedirá que la batalla afecte a nuestras familias? La respuesta es los devocionales familiares.

El tiempo devocional familiar debe incluir canto, lectura de la Biblia y oración. Durante ese tiempo tenemos que permitir la sinceridad; especialmente por parte de los niños. Ya he compartido con usted lo que mi hijo mayor dijo en uno de nuestros devocionales familiares; y de ese mismo modo dejo que todos los demás manifiesten sus sentimientos, temores y frustraciones. Así podemos mantener abierta la corriente de comunicación entre nosotros y tener una relación más íntima y sincera.

Las estadísticas alarmantes que se están publicando últimamente muestran que muchos suicidios tienen lugar en el grupo demográfico de los adolescentes. Los jóvenes sienten la presión cada vez mayor del alejamiento de sus padres, al tiempo que se enfrentan con aquella otra tremenda ejercida por los amigos. Esa es la causa de que gran parte de nuestra juventud se haya ido tras las drogas, las relaciones sexuales ilícitas y el alcohol. Sin embargo, una vez que dichos estimulantes artificiales dejan de dar resultado, los jóvenes se hunden en la desesperación y se quitan la vida.

Los psicólogos dicen que la familia es el único bastión de esperanza que les queda a los jóvenes de hoy día. Si mantenemos una comunicación sincera con nuestros hijos, éstos serán lo suficientemente fuertes para resistir a los ataques del diablo. Contra la juventud, Satanás usa asimismo el arma de las religiones falsas. Todos conocemos esas sectas que ofrecen a chicos y chicas el ambiente de un seudo hogar falso y una familia falsa. La defensa más fuerte que tenemos contra esto es una vida devocional familiar consistente.

Así como Dios ha elegido compartir su carga con nosotros, nosotros debemos también compartir nuestras cargas de oración con nuestros hijos. ¿Por qué habrían de ver éstos los resultados de nuestra preocupación y quedar al margen en lo referente a sus causas? ¿Cómo aprenderán a resolver los problemas que tienen entregándoselos al Señor si no nos ven hacerlo a nosotros?

En nuestra familia nos congregamos a diario en un círculo de oración. Nos tomamos de la mano y oramos. Tal vez uno de mis hijos tiene algún problema con una de sus asignaturas en el colegio; inmediatamente ese problema lo comparte toda la familia y ha de ser traído en oración ante el trono de la gracia. Mi petición bien podría ser: "Amado Señor, por favor, ayuda a mi hijo con el examen que tiene que pasar. Ayúdale a aprender tan bien el tema que pueda conseguir una buena nota para tu gloria. ¡Amén!"

También mi esposa Grace, tiene preocupaciones importantes. Ella constituye una parte esencial de mi ministerio; sin embargo, dichas preocupaciones pueden tener que ver con la empresa de publicaciones que dirige, o con el programa musical en el que participa; o incluso con el nuevo vestido que necesita para una ocasión especial. Sus preocupaciones son compartidas por todos nosotros; lo cual trae a nuestra familia a una unanimidad que no se rompe fácilmente.

9

LA ORACION EN EL CULTO

Uno de los ministerios más importantes de la Iglesia Central del Evangelio Completo es la oración al unísono que tenemos durante cada culto. Siempre comenzamos nuestros cultos orando todos los presentes al mismo tiempo; tal vez por la salvación y protección de nuestro país. Ya que hemos sufrido la opresión de los japoneses durante muchos años, y hemos sido invadidos por los norcoreanos comunistas, nos damos cuenta de que la libertad —y especialmente la libertad religiosa— es algo tan precioso que debe protegerse. Por esa causa pedimos intensamente por nuestra nación.

También oramos juntos por nuestros líderes. Dios nos ha ordenado que lo hagamos, y si no lo llevamos a cabo tendremos el gobierno que merezcamos. De modo que pedimos por el presidente del país, así como por las demás autoridades. Esta es la razón por la cual gozo de completa libertad para predicar el evangelio en mi iglesia, por medio de la televisión, y a través de la radio. Muchos creyentes, principalmente en Europa, no pueden proclamar el mensaje por los canales de transmisión públicos. En Corea agradecemos esta libertad y la salvaguardamos mediante la oración.

Asimismo oramos al unísono por los miles de peticiones que nos llegan de América, Japón y el resto del mundo. Al comienzo de cada culto yo me pongo al lado del "podio de las peticiones", coloco mis manos sobre los temas de oración que allí se encuentran, y todos oramos juntos. Antes de que esas peticiones sean enviadas a la Montaña de Oración, cientos de miles de personas oran intensamente por ellas durante cada uno de nuestros siete cultos.

Pedimos de un modo especial por un avivamiento que abarque al mundo entero y permita a cada nación escuchar el evangelio. Así cumplimos nuestra misión hasta que Cristo venga. Siendo la congregación más grande del mundo, reconocemos que se nos ha dado una responsabilidad especial de orar por la iglesia de Jesucristo en todos los países.

Después de mi mensaje, volvemos a orar juntos; esta vez pidiendo que el Espíritu Santo tome la Palabra y la aplique a nuestro corazón para que podamos ser hacedores de ella, y no solamente oidores.

Cuando oramos juntos, lo hacemos con determinación y seguridad; y las oraciones de mi gente me parecen el impresionante rugido de una poderosa catarata. ¡Sabemos que Dios tiene que oír nuestra oración sincera, porque pedimos al unísono y en unidad!

Y cuando oramos, el poder de Dios se manifiesta en nuestro medio: muchos han sido sanados, liberados y llenos del Espíritu cuando lo hacíamos. Si uno es capaz de poner en fuga a mil, y dos a diez mil, ¿se imagina usted el poder de cientos de miles unidos en oración? ¡Va más allá de toda comprensión!

"Engrandeced a Jehová conmigo, y exaltemos a una su nombre" (Salmo 34:3).

10

LA ORACION EN LA REUNION DE CELULA

¿El sistema de grupos de célula es la base misma de nuestra iglesia. Descubrí este concepto durante uno de los momentos más difíciles de mi ministerio. Siendo pastor de una iglesia de tres mil miembros, creía que podía hacerlo todo, y lo intentaba. Solía predicar, realizar visitas, y orar por los enfermos. Sin embargo, al crecer mi congregación, me hizo más débil; y un domingo, mientras interpretaba a cierto evangelista americano, sufrí un colapso. Creyendo que lo que necesitaba era más dedicación y fortaleza, lo intenté de nuevo; pero no pude acabar el culto. Tuvieron que llevarme a toda prisa al hospital de la Cruz Roja.

Una vez en el hospital, y después de volver en mí, fui saludado por mi médico con estas desconcertantes palabras:

—Pastor Cho, es posible que viva usted; ¡pero debe dejar el ministerio!

"¿Y qué otra cosa podría yo hacer sino predicar el evangelio?", susurré para mí mismo. La comprensión de lo que se me acababa de decir cayó sobre mí como una roca pesada.

He descubierto que a veces Dios tiene que ir hasta extremos poco acostumbrados para conseguir mi atención; ¡y admito que en el hospital la obtuvo! Los días siguientes fueron de evaluación de mi vida; sin embargo, durante aquella hora sombría descubrí el ingrediente básico para el crecimiento ilimitado en mi iglesia: el sistema de grupos de célula.

Lucas narra un suceso similar en Hechos 6. Mientras el número de los discípulos era aún pequeño, los doce apóstoles podían realizar todo el trabajo administrativo en la iglesia; sin embargo, de haber seguido así la situación, el cuerpo de Cristo nunca habría sido capaz de crecer por encima del número que había en Jerusalén. La forma que Dios utilizó para cambiar las ideas de los apóstoles fue permitiéndoles enfrentarse al problema potencialmente devastador que se describe en el capítulo 6.

Había que resolver aquella división étnica que casi provoca la primera escisión en la iglesia; y el resultado fue que los apóstoles comprendieron que no podían llevar adelante todo el trabajo del ministerio ellos solos. Por ello, llamaron a siete hombres a los que nombraron diáconos. Estos diáconos se hicieron cargo de la administración de la iglesia, mientras los apóstoles se entregaban a su llamamiento original: "Y nosotros persistiremos en la oración y en el ministerio de la palabra" (Hechos 6:4).

El problema que hemos visto en este capítulo hizo que los hombres de Dios revisaran la situación y recibiesen la sabiduría del Espíritu Santo, y esa sabiduría les llevaría a delegar su autoridad en otros, permitiendo así un crecimiento ilimitado.

Me dí cuenta de que en diferentes lugares del libro de los Hechos, los discípulos se reunían en grupos grandes y pequeños. He aquí, a continuación, algunas citas de Hechos y Romanos que abrieron mis ojos a la validez del sistema de grupos de célula:

"Y perseverando unánimes cada día en el templo, y partiendo el pan en las casas, comían juntos con alegría y sencillez de corazón, alabando a Dios, y teniendo favor con todo el pueblo. Y el Señor añadía cada día a la iglesia los que habían de ser salvos" (Hechos 2:46, 47).

"Y todos los días, en el templo y por las casas, no cesaban de enseñar y predicar a Jesucristo" (Hechos 5:42).

"Y cómo nada que fuese útil he rehuido de anunciaros y enseñaros, públicamente y por las casas" (Hechos 20:20).

"Saludad también a la iglesia de su casa" (Romanos 16:5).

Estos y otros pasajes me proporcionaron la dirección que necesitaba. Desde entonces, nuestro sistema de grupos de célula ha crecido hasta el punto de que en la actualidad tenemos más de 20.000 de dichos grupos en la iglesia. Sólo con que cada uno de ellos guíe a Cristo a dos familias por año, eso nos da 40.000 nuevos hogares; y puesto que una familia normal consta de cuatro miembros, nuestra tasa de crecimiento anual es de 160.000 nuevos creyentes, sin contar, naturalmente, a los que vienen al Señor por medio de la televisión, la radio o nuestros cultos dominicales. Por lo tanto, el continuo crecimiento de nuestra iglesia depende principalmente del sistema de grupos de célula.

Nuestros grupos de célula están compuestos por cinco a diez familias; y pueden reunirse en hogares (más cómodo tal vez para encuentros vespertinos o reuniones de mujeres durante el día), escuelas (que es lo mejor para nuestros grupos de estudiantes), fábricas (para las reuniones de trabajadores), o en algún salón de restaurante (bueno para los encuentros de hombres de negocios). Reúnanse donde se reúnan, ellos son la iglesia en acción. El gran templo que poseemos constituye el sitio de encuentro de la gente para compartir la Palabra y disfrutar de la adoración de nuestra congregación combinada; pero la iglesia se reúne en realidad en miles de lugares de todo el sector.

En las reuniones de célula, los miembros oran por sus necesidades mutuas. Cuando alguno cae enfermo, el líder de su grupo le visita y pide por su sanidad. Hemos enseñado a nuestra gente el papel central de la oración; de modo que oran por todo. Piden fervorosamente por la iglesia, la nación y porque continúe el avivamiento en Corea y a nivel mundial. También oran por posibles nuevos convertidos para que la iglesia pueda seguir creciendo.

En nuestras conferencias para líderes de células subrayo que cada grupo debe tener una meta clara para sus oraciones; y por lo tanto, todas las células se hacen un cuadro claro de sus objetivos cuando oran en fe. Ya que resulta mucho más fácil guiar a Jesucristo a una persona conocida, el miembro del grupo de célula testifica a su vecino, amigo o pariente; y cuando Dios abre la puerta para que ese convertido potencial sea salvo, lo comparte con el resto del grupo y no se deja de orar hasta que la persona viene a Cristo.

Hemos aprendido que en esta tierra estamos en lucha con Satanás. Nuestra oposición la constituyen el diablo y sus espíritus demoníacos, y el campo de batalla es el corazón de todos los hombres y mujeres. Tenemos como meta que todos lleguen a conocer la gracia salvadora de nuestro Señor y Salvador, Jesucristo. Por lo tanto, planeamos cuidadosamente nuestra estrategia: tenemos un plan, y lo llevamos a cabo como un ejército bien adiestrado. No obstante, algo todavía más fundamental: empapamos nuestros planes en oración, para que Dios pueda soplar su aliento de vida en nuestros esfuerzos y éstos sean fructíferos.

En el extraordinario crecimiento numérico que estamos experimentando, no he seguido una fórmula secreta; lo que he hecho es tomar sencillamente en serio la Palabra de Dios. No tengo ninguna duda en mi mente de que lo que se ha realizado en Corea puede reproducirse en cualquier otra parte del mundo. ¡La clave es la oración!

11

ORAR EN LA MONTAÑA DE ORACION

Lo que hemos denominado la Montaña de Oración es realmente mucho más que un lugar de retiro dedicado a orar. En un principio ese terreno se compró para cementerio de la iglesia. Debido a que Corea ha sido un país tradicionalmente budista era muy importante para nosotros contar con un lugar propio donde enterrar a nuestros muertos.

En 1973, cuando se estaba construyendo la iglesia que tenemos actualmente, el dólar se devaluó; lo cual hizo que nuestro *won* coreano (que está ligado al valor de la moneda americana) sufriera y que se produjera una profunda recesión. Luego nos afectó la crisis del petróleo, empeorando nuestra ya frágil economía: la gente de la iglesia perdió sus trabajos y descendieron nuestros ingresos.

Ya que habíamos firmado los contratos con la empresa constructora y los costos de edificación habían aumentado de una forma sin precedentes, yo sufría enormemente previendo la posibilidad de un colapso financiero, y me sentaba en el interior del edificio inacabado de mi iglesia deseando que las vigas cayeran sobre mí.

Durante aquel tiempo decisivo en mi ministerio, un grupo de nuestra congregación fue a la propiedad y empezó a construir un sitio para orar, principalmente por su afligido pastor. Aunque yo veía la necesidad de esto en nuestra iglesia, lo que me preocupaba eran los gastos adicionales que seguían amontonándose sobre mi escritorio.

Luego, comprendiendo que sólo una milagrosa intervención de Dios nos libraría de la catástrofe, me uní a los intercesores en la Montaña de Oración. Cierta tarde, cuando varios cientos de personas nos encontrábamos orando en la planta baja de nuestra inacabada iglesia, una anciana vino caminando lentamente hacia mí; y al acercarse a la plataforma vi que sus ojos estaban inundados de lágrimas. A continuación, la mujer se inclinó y dijo:

—Pastor, quiero darle estas cosas para que las venda por algunos peniques y contribuir así al fondo de edificación.

Bajé la vista, y en sus manos descubrí un viejo cuenco de arroz y un par de palillos.

—Pero, hermana. . . ¡no puedo aceptar de usted esas cosas indispensables! —le contesté.

—Pastor, soy una anciana, y no tengo nada de valor que darle a mi Señor; y, sin embargo, Jesús me ha salvado en su benevolencia —exclamó mientras las lágrimas corrían abundantemente por sus arrugadas mejillas—. ¡Esto es todo lo que poseo en el mundo; tiene usted que dejar que se las entregue a Jesucristo! Puedo poner el arroz encima de periódicos viejos y utilizar las manos en vez de palillos. Sé que pronto moriré; así que no quiero encontrarme con Jesús sin haberle dado nada en esta tierra.

Cuando la mujer terminó de hablar, todo el mundo comenzó a llorar abiertamente; luego, la presencia del Espíritu Santo llenó el lugar y cada uno se puso a orar en el Espíritu.

A continuación, un hombre de negocios en la parte de atrás del grupo se sintió profundamente conmovido y dijo:

—¡Pastor Cho, quiero comprar ese cuenco de arroz y esos palillos por mil dólares!

Y entonces todo el mundo comenzó a ofrecer sus posesiones. Mi esposa y yo vendimos nuestra casita y dimos el dinero a la iglesia. Aquel espíritu generoso nos salvó de la ruina económica.

Con el paso de los años, la Montaña de Oración ha llegado a ser un lugar al que miles de personas van a diario para que sus necesidades sean satisfechas, así como para ayunar y orar. Hemos añadido al sitio un moderno auditorio con 10.000 asientos, que ahora resulta demasiado pequeño para dar cabida a las multitudes que acuden allí. La asistencia varía; pero normalmente hay por lo menos 3.000 personas todos los días orando, ayunando, adorando y alabando a nuestro santo y precioso Señor en la Montaña de Oración. En ese ambiente de comunión concentrada con Dios las sanidades y los milagros son cosas frecuentes.

El año pasado más de 300.000 personas se inscribieron en la Montaña; lo cual convierte a ese "refugio de oración" en la primera línea de nuestro ataque contra las fuerzas del diablo en esta tierra. En ningún lugar del mundo hay más personas orando y ayunando. Dios oye nuestras oraciones, y las respuestas son demasiado numerosas para mencionarlas.

En un capítulo posterior acerca del ayuno y la oración, hablaré más en detalle del método que usamos en la práctica de este medio bíblico para que se suplan las necesidades. Sin embargo, no es posible subrayar suficientemente la importancia del ayuno y la oración en el comienzo y la continuación del avivamiento.

En la Montaña, no sólo tenemos gente que ora en grupo; sino también otra que lo hace individualmente en nuestras "grutas de oración". Esos pequeños cubículos están en realidad excavados en la ladera de un cerro, y en ellos las personas pueden disfrutar de gran calma y silencio delante de Dios. En mi propio "gabinete de oración", puedo cerrar la puerta y tener comunión intensa y prolongada con mi Padre celestial.

David escribió: "Entonces las naciones temerán el nombre de Jehová, y todos los reyes de la tierra tu gloria; por cuanto Jehová habrá edificado a Sion, y en su gloria será visto; habrá considerado la oración de los desvalidos, y no habrá desechado el ruego de ellos. Se escribirá esto para la generación venidera; y el pueblo que está por nacer alabará a JAH" (Salmo 102:15–18).

12

VIGILIAS DE ORACION

¿Cómo pueden miles de personas pasar la noche de cada viernes en oración? Mucha gente me ha hecho esta pregunta por todo el mundo. ¿Por qué no serían capaces los cristianos de dedicar la noche entera a orar y alabar al Señor cuando tantos individuos la pasan en un salón de baile? Todo depende de cuáles sean nuestras prioridades y dónde estén puestas. ¡O bien queremos tomarnos en serio la cuestión del avivamiento, o bien no!

Cada viernes, nuestra gente empieza a congregarse y a orar en silencio a las 10:30 de la noche. Luego, doy una enseñanza sólida de la Palabra de Dios. Ya que no me encuentro bajo la presión del tiempo como los domingos, puedo tomar el necesario y enseñar durante dos horas. Debe resultar obvio que seguimos un programa fijado de antemano; la gente no acudiría con tanta fidelidad si tuviera que sentarse simplemente y orar toda la noche.

Después de nuestro estudio bíblico, empezamos a orar. Lo hacemos por las necesidades y los problemas específicos de nuestra iglesia, al igual que por nuestras propias circunstancias. Luego, cantamos coros; y a continuación del culto de alabanza, predica uno de mis pastores adjuntos. Seguidamente, volvemos a cantar y nos preparamos para escuchar testimonios personales acerca de lo que Dios ha hecho en la vida de los miembros de la congregación. Están sucediendo tantos milagros de la gracia de Dios cada semana que resulta totalmente imposible dar una oportunidad a todos los que desean testificar. Esos relatos poderosos hacen que queramos cantar otra vez; y antes de que nos demos cuenta, son las 4:30 de la madrugada, hora de prepararnos para la reunión de oración matutina del sábado. Después de dicha reunión, se nos despide y vamos a casa regocijándonos.

David estaba acostumbrado a pasar toda la noche orando; y en el Salmo 63, llama a esas reuniones de oración "las vigilias de la noche" (véase Salmo 63:6; 119:148).

Isaías profetizó: "Vosotros tendréis cántico como de noche en que se celebra pascua, y alegría de corazón, como el que va con flauta para venir al monte de Jehová, al Fuerte de Israel" (30:29).

Cuando los discípulos se encontraban en la cárcel, no se pasaron la noche quejándose, sino cantando y orando; por lo tanto, Dios los oyó y mandó liberación para ellos por medio de un ángel.

La presencia del Señor es muy importante. Jesús nos prometió que cuando nos reuniéramos en su nombre, El estaría allí. Resulta fácil pasar la noche en oración cuando el dulce aroma de nuestro Señor llena el lugar donde estamos congregados.

En muchas partes del mundo, el sábado es un día libre para los obreros; pero en Corea se trata de una jornada de trabajo normal. De manera que, para muchos, el pasar toda la noche del viernes orando significa llegar a casa y prepararse para ir al trabajo. Sin embargo, David afirmó en cierta ocasión que no podía darle a Dios algo que no le costase nada. Aunque no resulta fácil dedicar la noche a la oración, ha sido el instrumento por el cual hemos podido mantener el avivamiento.

13

EL AYUNO Y LA ORACION

Ayunar es abstenerse voluntaria y deliberadamente de comida con el propósito de concentrarse en la oración. Por lo general, uno se priva sólo de alimentos, aunque en ocasiones especiales y por cortos períodos de tiempo pueda abstenerse también de agua.

En el Sermón del Monte, Cristo enseñó a sus discípulos acerca del ayuno; y la enseñanza que dio trataba asimismo de los motivos por los que se ayuna: Nunca debemos hacerlo para impresionar a otros; sin embargo se espera que los discípulos ayunen. Jesús dijo: "Cuando ayunéis. . .", no "Si ayunáis. . ."

Jesús mismo es el ejemplo en cuanto a ayunar: "Jesús, lleno del Espíritu Santo, volvió del Jordán, y fue llevado por el Espíritu al desierto por cuarenta días, y era tentado por el diablo. Y no comió nada en aquellos días, pasados los cuales, tuvo hambre" (Lucas 4:1, 2).

Después del ayuno de Cristo, Lucas hace constar: "Y Jesús volvió en el poder del Espíritu. . ." (versículo 14).

Del pasaje citado, podemos deducir que el ser lleno del Espíritu no hace que uno ande necesariamente en el poder del Espíritu Santo. Personalmente creo que para obtener poder, principalmente en la oración, hay que ayunar y orar.

También el ministerio de Pablo comenzó con ayuno y oración (véase Hechos 9:9); y el apóstol testificó a la iglesia de Corinto que él demostraba dicho ministerio por su disciplina espiritual: "En desvelos, en ayunos. . ." (2 Corintios 6:5). Por lo tanto, Pablo estaba acostumbrado a ayunar y orar. "Desvelos" significa pasar la noche en oración.

Los cristianos primitivos ayunaban y oraban en encuentros públicos a fin de conocer la voluntad de Dios; y en Hechos 13, el Espíritu Santo pudo dirigir claramente a la iglesia: "Había entonces en la iglesia que estaba en Antioquía, profetas y maestros: Bernabé, Simón el que se llamaba Niger, Lucio de Cirene, Manaén el que se había criado junto con Herodes el tetrarca, y Saulo. Ministrando éstos al Señor y ayunando, dijo el Espíritu Santo: Apartadme a Bernabé y a Saulo para la obra a que los he llamado. Entonces, habiendo ayunado y orado. . . los despidieron" (Hechos 13:1–3).

Luego, cuando los dos apóstoles, Bernabé y Pablo, fundaron nuevas iglesias, enseñaron a los creyentes la misma práctica del ayuno y la oración que habían experimentado en Antioquía:

"Y después de anunciar el evangelio a aquella ciudad y de hacer muchos discípulos, volvieron a Listra, a Iconio y a Antioquía, confirmando los ánimos de los discípulos, exhortándoles a que permaneciesen en la fe, y diciéndoles: Es necesario que a través de muchas tribulaciones entremos en el reino de Dios. Y constituyeron ancianos en cada iglesia, y habiendo orado con ayunos, los encomendaron al Señor en quien habían creído" (Hechos 14:21–23).

El versículo anterior muestra que el ayuno y la oración formaban parte vital de cómo conseguir la dirección del Espíritu Santo antes de ordenar líderes para la iglesia. El ayunar, combinado con la oración hacían que la iglesia primitiva tuviera una mente y un espíritu claros a la hora de establecer sus fundamentos.

El ayuno, junto con la oración, no sólo produce claridad de mente y de espíritu, liberando la voz del Espíritu Santo para que nos dirija; sino que es también importante para conseguir victorias espirituales y materiales. Vemos un perfecto ejemplo de ello en el Antiguo Testamento.

Josafat, el rey de Judá, había recibido cierto informe de que un gran ejército se estaba concentrando para atacar. Dicho ejército llegaba a las fronteras de Judá procedente de Moab y Amón. (Los surcoreanos conocemos lo que se siente al tener un ejército hostil concentrado en los límites de nuestro territorio.) Pero antes que intentar pelear con armamentos que no poseían, el rey utilizó sus recursos espirituales, proclamando un ayuno nacional. Se reunió todo el mundo; hombres y mujeres, jóvenes y niños. . . todos ayunaron buscando la intervención del Señor. El resultado de dicho ayuno y dicha oración de los judíos fue que Dios ganó una gloriosa victoria, dando instrucciones al rey acerca de cómo luchar contra el enemigo. Estoy seguro de que jamás se ha peleado otra batalla como aquella. Josafat designó cantores para que alabaran al Señor delante del ejército; y cuando los adversarios vieron eso, la confusión se apoderó de su campamento y empezaron a luchar unos contra otros. Judá necesitó tres días para recoger el botín de aquella batalla, después de que Dios les hubiera dado la victoria sin tener que recurrir a las armas físicas (véase 2 Crónicas 20:1–30).

Cuando comenzamos a orar, debemos adoptar la actitud mental correcta: no ha de considerarse el ayuno como castigo, aunque tal vez nuestro cuerpo se rebele contra él en un principio, sino como una oportunidad maravillosa de acercarnos más a nuestro Señor, sin la distracción diaria del comer. También debemos verlo como un medio de que nuestras oraciones puedan concentrarse de modo más perfecto; que hará que Dios escuche y actúe a nuestro favor. Si tenemos este concepto del ayuno, el practicarlo nos resultará mucho más fácil.

Por lo general enseño a mi gente que comience ayunando durante tres días. Luego, una vez que se han acostumbrado a ello, podrán hacerlo por un período de siete; y a continuación pasar a los ayunos de diez días. Algunos han ayunado incluso durante cuarenta días seguidos; pero normalmente no les animamos a hacerlo.

Hemos observado que el ayuno y la oración hacen que la persona llegue a ser mucho más sensible al Señor, y producen mayor poder en su vida para combatir a las fuerzas de Satanás. ¿Cómo funciona esto?

El deseo de comida es algo fundamental para todas las criaturas vivientes. Es una de las fuerzas motivadoras más poderosas que operan en el cuerpo aun antes de nacer. Los bebés vienen al mundo con el instinto natural de buscar el pecho de su madre. Si podemos combinar ese intenso deseo congénito con el anhelo natural que tenemos de comunión con nuestra fuente espiritual, el resultado es una mayor intensidad: he aquí el propósito de la oración y el ayuno. Combinando nuestros deseos natural y espiritual, podemos hacer que la urgencia de nuestra petición venga delante del trono de Dios con tal intensidad que El oiga y conteste.

El deseo es algo fundamental en la oración: "Deléitate asimismo en Jehová, y él te concederá las peticiones de tu corazón" (Salmo 37:4).

Por lo tanto, cuanto más fuerte sea dicho deseo, tanto más eficaz será la oración.

Según mi experiencia personal, el primer día de ayuno no tiene ningún efecto importante sobre el cuerpo. Al segundo, el hambre aumenta de un modo más dramático. El tercero y el cuarto día, el organismo empieza a exigir comida y uno siente todas las consecuencias físicas de la abstinencia. Por último, después del quinto y el sexto, el cuerpo se ajusta al nuevo estado y la persona se siente mejor; la razón de ello es que el organismo descompone entonces de manera más eficiente las grasas que han permanecido almacenadas.

A partir del séptimo día, los dolores del hambre desaparecen, aunque el cuerpo se debilita mucho más. Sin embargo, con ello llega una claridad de pensamiento y una libertad en la oración extraordinarias.

Dios responde a la sinceridad

Cuando ayunamos, Dios responde a nuestra disposición sincera de humillarnos ante El. Su misericordia y gracia son liberadas por esa humillación y esa aflicción voluntarias del alma del individuo, la comunidad y la nación. Como observamos en muchos ejemplos del Antiguo Testamento, cuando Israel se humillaba delante de Dios, el peleaba por su pueblo.

Satanás siempre está tratando de echarnos mano cuando sucumbimos a nuestros apetitos carnales. A él no le es posible traspasar la sangre de Cristo, pero podemos abrirle la puerta mediante el pecado.

Pablo llama a Satanás el "príncipe de la potestad del aire", o de la atmósfera que rodea la tierra. La Epístola de Judas dice: "No obstante,

de la misma manera también estos soñadores mancillan la carne, recha-
zan la autoridad y blasfeman de las potestades superiores. Pero cuando
el arcángel Miguel contendía con el diablo, disputando con él por el
cuerpo de Moisés, no se atrevió a proferir juicio de maldición contra él,
sino que dijo: El Señor te reprenda. Pero éstos blasfeman de cuantas cosas
no conocen; y en las que por naturaleza conocen, se corrompen como
animales irracionales" (Judas 8–10).

Los dos versículos que acabo de citar revelan algo muy significativo
acerca de nuestro adversario, el diablo: es un príncipe con considerable
poder. Judas afirma asimismo que no se puede tratar ligeramente a Satanás, como suelen hacer algunos cristianos. Aunque su poder sobre la
propiedad de Dios ha sido destruido, el diablo es aún un formidable
oponente.

Jesús declaró: "Viene el príncipe de este mundo, y él nada tiene en
mí" (Juan 14:30). En otras palabras: que Satanás no cuenta con campo
de aterrizaje en Cristo desde el cual atacarle. Nosotros también debemos
vivir nuestra vida de tal manera que el príncipe de este mundo no tenga
ningún terreno en ellas que admita su ataque. Antes de la Segunda Guerra
Mundial, Alemania formó una red de agentes leales en muchos países.
Hitler sabía que para que su plan de conquista mundial tuviera éxito,
necesitaría fieles aliados, y llamó a ese grupo de hombres y mujeres la
"quinta columna". Hemos de asegurarnos de que no haya en nosotros
una quinta columna leal a Satanás.

¿Y cómo lo hacemos? ¡Con oración y ayuno!

Por medio del ayuno, uno puede orar con poder y todas las concu-
piscencias nuestras: los deseos de la carne, los deseos de los ojos, y la
vanagloria de la vida, serán quitadas del camino que le resultará posible
vivir una vida santa y pura en la presencia de Dios. La oración y el ayuno
son capaces de destruir ese frente de ataque de Satanás al que me he
referido como "quinta columna"; de modo que cuando el príncipe de
este mundo venga, no encuentre ningún lugar en usted.

Los resultados prácticos del ayuno y la oración serán un cristianismo
puro y sin mácula que se manifestará en su vida: "¿No es más bien el
ayuno que yo escogí, desatar las ligaduras de impiedad, soltar las cargas
de opresión, y dejar ir libres a los quebrantados, y que rompáis todo
yugo? ¿No es que partas tu pan con el hambriento, y a los pobres errantes
albergues en casa; que cuando veas al desnudo lo cubras, y no te es-
condas de tu hermano?" (Isaías 58:6, 7). El ayuno puede romper las
ligaduras de impiedad, dejar libres a los oprimidos, y producir una liberación total y absoluta.

Se nos ordena que "desatemos las cargas de opresión"; de modo que
cuando vemos en nosotros mismos o en otros dichas cargas, podemos

desatarlas por medio del ayuno y la oración. Se trate de cargas de salud, de negocios o de relaciones familiares, pueden ser quitadas.

El ayuno y la oración por otros

Como ya he dicho, la Montaña de Oración está dedicada a la oración y al ayuno; sin embargo, tal oración no es sólo por las necesidades de los que están presentes, sino que asimismo se ora de manera intensa por los que escriben a nuestra oficina de Nueva York. Una vez que las peticiones de oración, que llegan a diario, dejan mi escritorio y se presentan al Señor por nuestra congregación, se envían a la Montaña. Allí, un intercesor orará y ayunará por cada una de ella, habiendo sido previamente traducida al coreano, hasta que sienta en su corazón el testimonio de que Dios ha escuchado y la respuesta está en camino. Por medio del ayuno, nuestros intercesores han aguzado su sensibilidad para percibir la urgencia de las peticiones; por lo tanto, pueden imaginarse mentalmente la necesidad y visualizar la respuesta. Los testimonios de oraciones contestadas son demasiados para incluirlos aquí, pero hemos descubierto que Dios oye y contesta la oración y el ayuno combinados.

Gente de todo el mundo viene a orar y ayunar en la Montaña de Oración. Hace algunos años visitó ésta una víctima de la poliomielitis. Había oído acerca de los milagros que ocurrían en la Montaña, y se propuso venir, sin importarle todas las dificultades que implicaba el viaje. Después de cinco días de navegación, la recibió en el muelle uno de los miembros de nuestra iglesia que luego la puso en el tren.

La joven, de sólo veintitrés años de edad, llegó con la esperanza de que andaría de nuevo. Según el curso natural de los acontecimientos, esto parecía imposible, ya que había quedado gravemente tullida a la edad de tres años. Pero ¡con Dios todo es posible! Después de incribirse, comenzó inmediatamente a edificar su fe leyendo la Palabra de Dios y buscando todas las promesas del Señor.

Como la muchacha planeaba quedarse tres meses, decidió apartar dos días cada semana para ayunar. Durante su estancia, se sintió impresionada sobre todo por los testimonios que oía: cada vez que escuchaba a alguien testificar del poder milagroso de Dios, aumentaba su fe.

Después del primer mes no había ningún signo visible de sanidad; y sus piernas estaban aún deformadas por la parálisis a la que había llegado a acostumbrarse. Durante el segundo mes, se sintió renovada en su espíritu y su alma; pero todavía no apareció ningún cambio en su cuerpo. Sin embargo, al tercer mes, ¡algo comenzó a suceder! Por primera vez en muchos años pudo notar una sensación en sus piernas; y esperando un milagro, exclamó: "¡Ayúdenme a levantarme! ¡Por favor, que alguien me ayude a ponerme en pie! ¡Sé que estoy curada!"

Al ver sus lágrimas y observar su emoción, un par de miembros de nuestra iglesia la agarraron con júbilo por los brazos y la pusieron en pie.

Sin embargo, aunque sentía la sangre correr por las arterias y venas de sus piernas, aún no tenía la fuerza necesaria para sostenerse. Sin mostrar ningún signo de desengaño, se sentó lentamente y siguió orando. Sabía que para restaurar miembros atrofiados era necesario un milagro creador; de modo que esperó con paciencia y continuó en oración y ayuno.

Después de pasados los tres meses, la joven partió aún en su silla de ruedas; pero algo había sucedido en su interior: ¡sabía que estaba sanada! Transcurrieron varios meses más antes de que yo recibiera una maravillosa carta suya. En dicha carta, me decía que a pesar de haber necesitado perseverancia, el milagro había por fin ocurrido. "Sí, doctor Cho, ¡ahora puedo andar!" —escribía—. Todavía cojeo un poco; pero camino. ¡Y sé que incluso esa cojera desaparecerá pronto!" Este es sólo uno de tantos milagros que han tenido lugar en la Montaña de Oración.

¿Serán todos sanados en la Montaña de Oración si ayunan y oran? Evidentemente, algunas personas son sanadas inmediatamente mientras que otras tardan más en recibir la sanidad y otras no son sanadas. Nuestra entrega total es a Dios y a El elevamos nuestras oraciones reconociéndole como Soberano para obrar milagros de sanidad en las personas. Sin embargo, he descubierto que cuando la gente tiene gran dificultad para ser sanada puede albergar rencor en su corazón.

El perdón y la sanidad

"Porque si perdonáis a los hombres sus ofensas, os perdonará también a vosotros vuestro padre celestial; mas si no perdonáis a los hombres sus ofensas, tampoco vuestro padre os perdonará vuestras ofensas" (Mateo 6:14–15).

Muchos han sido agraviados por sus familias, socios y amigos; de modo que buscan justicia según el concepto que tienen de ella. Si no se les hace dicha justicia en sus circunstancias, se vuelven rencorosos y amargados. Muchas de esas personas llegan a manifestar síntomas físicos atribuibles directamente a su actitud enconada, y llevan una raíz de amargura que vierte veneno en sus organismos y les producen angustia mental y física.

—¡Pero tengo razón! —me dijo una vez cierta señora después de explicarle lo que acabo de compartir con usted—. ¡Mi marido es culpable, lo odio!

—Sí, hermana —repliqué—, pero es usted quien se está quedando inválida con la artritis.

Completaré esta historia más tarde.

¡Si se nos ha agraviado debemos perdonar! ¡Aunque no tengamos deseos, hemos de hacerlo! ¡Y eso incluso cuando la parte culpable no nos haya pedido perdón!

Jesús es nuestro ejemplo perfecto. Cuando se hallaba clavado en la cruz, nadie le estaba pidiendo perdón; es más, se burlaban de El y lo atormentaban. Sin embargo, Cristo dijo: "Padre, perdónales." ¡De modo que el perdonar no es algo opcional, sino obligatorio! Tampoco se trata de una acción esporádica, sino que es una forma de vida.

El hecho de perdonar a la persona que le ha agraviado, libera al Espíritu Santo para que traiga convicción al que le está causando el problema. Nada escapa a la vista de nuestro Padre celestial. El conoce las intenciones o los motivos del corazón. El Espíritu Santo es capaz de convencer de pecado, de justicia y de juicio.

¡Pero volvamos a nuestra historia! La señora que se encontraba en mi despacho llevaba casada muchos años; sin embargo, su marido la había dejado y ahora estaba viviendo con otra. Al tener que hacerse cargo de sí misma y de su familia, se encontraba en circunstancias económicas difíciles. . . Y ahora se hallaba en mi oficina pidiendo sanidad para su parálisis.

El Espíritu Santo me movió a preguntarle:

¿Ha perdonado a su esposo?

—No, no puedo. . . ¡lo odio! —sollozó incapaz de controlar las lágrimas.

—¡Debe hacerlo! —continué—. Eso limpiará su espíritu de la amargura que tal vez impide que sea sanada; y también liberará al Espíritu Santo para que obre en la vida de su marido.

Después de un rato, la mujer accedió a perdonar a su esposo y a volver a orar y ayunar en la Montaña de Oración. El domingo siguiente, después de uno de nuestros cultos, llamaron a la puerta de mi despacho. Invité a entrar a quien fuese, y pasó un hombre de aspecto muy sombrío seguido de una mujer.

—Pastor —dijo ella—, este es mi esposo, por quien hemos estado orando —y apenas capaz de contener las lágrimas de gozo, se volvió hacia su marido y le dijo: —Por favor, cuéntale al pastor lo que ha sucedido.

Pastor Cho —dijo él entonces—, ¿cree que Dios puede perdonarme? Soy un gran pecador. Hace una semana, cuando me encontraba en casa con la otra mujer, empecé a sentirme muy culpable. No podía soportar el dolor que experimentaba dentro de mí. De repente, comencé a pensar en mi esposa y en mis hijos a quienes había abandonado; e incapaz de hallar alivio de mi culpa, pensé en suicidarme. No obstante, como se acercaba el domingo, decidí venir a la iglesia, esperando ser perdonado y sentirme mejor. Luego ví a mi esposa sentada al otro lado del auditorio; y fue entonces cuando decidí pedirle perdón a ella y a Dios. ¿Puede El perdonarme?

—Claro que puede —contesté.

A continuación lo guié en la oración del pecador, y aceptó a Jesucristo como Salvador personal. ¡Qué gozo sentí al ver a los dos reunidos en Cristo Jesús!

Más tarde, al seguir ayunando y orando, la mujer pudo levantarse de su silla de ruedas y ser sanada. No obstante, ya había sido curada interiormente por medio del perdón antes de que la sanidad divina se manifestara en lo externo.

No quiero decir que todo el que está tullido o inválido es a causa de la falta de perdón; pero muchos recibirían la sanidad si aprendieran a perdonar.

Si usted, querido lector, tiene dificultad en perdonar a alguien, no deje que el orgullo prevalezca y le impida obedecer a la Palabra de Dios. Tome la decisión de andar la segunda milla, abandonando su actitud farisaica y perdonando a esa persona; entonces experimentará un alivio de sus hostilidades y se sentirá mucho mejor.

Dios resiste al soberbio, y da mayor gracia al humilde; por lo tanto, si su problema consiste en que no cuenta con suficiente gracia en su vida, bien podría ser que estuviera usted afirmándose en su propio orgullo en vez de apoyarse en la gracia de Dios. ¿Qué puede perder, aparte de la amargura, el resentimiento, y posiblemente la mala salud?

"Y la oración de fe salvará al enfermo, y el Señor lo levantará; y si hubiere cometido pecados, le serán perdonados. Confesaos vuestras ofensas unos a otros, y orad unos por otros, para que seáis sanados. . ." (Santiago 5:15, 16).

Los psicólogos, los médicos y los psiquiatras admiten en la actualidad que las actitudes mentales de sus pacientes controlan en alto grado el éxito con relación a la sanidad de éstos.

¡Ha llegado la hora de que el cuerpo de Cristo, la iglesia, sea sanada! La actitud de Dios al respecto puede verse en la tercera epístola de Juan: "Amado, yo deseo que tú seas prosperado en todas las cosas, y que tengas salud, así como prospera tu alma" (3 Juan 2). La clave para conseguir prosperidad espiritual y material está ligada al prosperar de nuestra alma (mente) por medio del perdón.

Por lo tanto, la oración y el ayuno, combinados con el perdón, producirán un mayor grado de sanidad en la iglesia; lo cual convertirá al medio que Dios ha escogido para traer el avivamiento en un instrumento útil y saludable en las manos del Espíritu Santo.

En la última parte del siglo XX se nos presenta un gran desafío, que es al mismo tiempo una gran oportunidad: hay necesidad de gente más noble, que sepa perdonar, sacrificarse, obedecer y entregarse. Yo me he puesto a la disposición del Espíritu Santo para hacer cualquier cosa que esté en mi poder a fin de ser un instrumento de avivamiento y crecimiento de la iglesia. ¿No quiere usted unirse a mí?

14

LA ESPERA EN EL SEÑOR

Meditación y oración

La meditación es el acto de contemplar o de reflexionar sobre algo o alguien. Esto requiere disciplina, ya que la mente tiende a vagar por muchas cosas distintas. Se trata de una forma de oración integral e importante. Puesto que nuestras acciones se ven afectadas por nuestra voluntad, y en esta última influye mucho nuestro pensamiento (contemplación), podemos controlar dichas acciones.

David oraba: "Sean gratos los dichos de mi boca y la meditación de mi corazón delante de ti, oh Jehová, roca mía, y redentor mío" (Salmo 19:14).

Dios le enseñó a Josué el secreto del éxito y la prosperidad: "Nunca se apartará de tu boca este libro de la ley, sino que de día y de noche meditarás en él, para que guardes y hagas conforme a todo lo que en él está escrito; porque entonces harás prosperar tu camino, y todo te saldrá bien" (Josué 1:8). Este versículo deja claro que Dios quería que Josué meditara en algo concreto: la Palabra de Dios. No se le dijo simplemente que meditara en cualquier cosa, sino que la energía de su mente debía dirigirse a algo preciso.

Cuando uno medita, debe enfocar su pensamiento claramente sobre el asunto acerca del cual desea reflexionar. Con mucha frecuencia, los cristianos empiezan meditando en el Señor, pero luego permiten que sus mentes divaguen de forma incontrolable, terminando dormidos o aburridos. La razón de esto es que Dios espera de nosotros que meditemos en algo específico, y no simplemente en generalidades.

Para concentrar nuestras facultades mentales en un tema concreto durante un período dilatado de tiempo, tenemos que hallar deleite en dicho tema: "Sino que en la ley de Jehová está su delicia, y en su ley medita de día y de noche" (Salmo 1:2). Por lo tanto, a fin de meditar provechosamente en algo, uno tiene que sentirse motivado: ver el beneficio que obtendrá de reflexionar sobre la cosa en cuestión. Si usted se deleita en la Palabra de Dios, meditará gustosamente en ella y recibirá mayor conocimiento y comprensión cuando lo haga: "Mi boca hablará sabiduría, y el pensamiento de mi corazón inteligencia" (Salmo 49:3).

En los salmos David se sentía motivado a alabar al Señor continuamente porque permitía que su mente meditara en la bondad de Dios para con él: "Como de meollo y de grosura será saciada mi alma, y con labios de júbilo te alabará mi boca, cuando me acuerdo de ti en mi lecho, cuando medite en ti en las vigilias de la noche. Porque has sido mi socorro, y así en la sombra de tus alas me regocijaré" (Salmo 63:5–7). Y dice en otro salmo: "Dulce será mi meditación en él; yo me regocijaré en Jehová" (Salmo 104:34).

El apóstol Pablo también comprendió la importancia de la meditación; y escribiendo a su discípulo Timoteo, le dice: "No descuides el don que hay en ti. . . . Ocúpate (o medita) en estas cosas; permanece en ellas, para que tu aprovechamiento sea manifiesto a todos" (1 Timoteo 4:14, 15). Se instruía, por lo tanto, a Timoteo a que se entregara plenamente al llamamiento ministerial que había recibido del Espíritu Santo; y la forma en que podía conseguir esta completa dedicación era meditando. Pero además se le ordenaba que lo hiciera en *algo* específico, y no simplemente en *cualquier* cosa.

Isaías profetizó que la manera de mantener una paz perfecta era a través de la meditación continua en el Señor: "Tú guardarás en completa paz a aquel cuyo pensamiento en ti persevera; porque en ti ha confiado" (26:3).

Cuando preparo mis sermones, le pido a Dios que ilumine mi mente para conocer la opinión del Espíritu Santo, autor de su Palabra; y una vez terminado el bosquejo de la predicación, medito acerca del mensaje que voy a referir al pueblo de Dios. Desde su introducción hasta su conclusión, pasando por cada uno de sus puntos intermedios, el Espíritu Santo me da una nueva comprensión de lo que la Palabra quiere decir y de cómo aplicarla a las necesidades de los millares que escucharán dicho mensaje. Aunque los domingos vienen a la iglesia cientos de miles de personas, y mi sermón es transmitido luego en varios países por medio de la televisión, creo que el Espíritu Santo conoce la necesidad de cada individuo y la suplirá a través del mensaje que Él mismo ha ungido. Al meditar, sabré qué decir y cuándo decirlo; luego siempre oigo acerca de algo que satisfizo la necesidad específica de alguna persona que escuchaba el mensaje. ¿Cómo supe exactamente lo que debía decir? El Espíritu conocía lo que se precisaba, y me lo comunicó al pensamiento al meditar acerca de mi sermón.

No sólo medito en mi mensaje, sino también en cualquier nueva guía u oportunidad que se me presenta. Una nueva posibilidad de ministerio puede parecer muy atractiva para mi mente racional; pero tal vez haya en la misma trampas u hoyos que yo ignoraba. Sin embargo, confío en la paz de Dios que mantengo en mi corazón. Al meditar en una decisión importante, el Espíritu Santo me dirige. Cuando me estoy moviendo en la voluntad de Dios, recibo esa paz que sobrepasa todo entendimiento, ya que va más allá del entendimiento, y que también se resiste a una explicación demasiado detallada. Cuando hay algo que me puede dañar o perjudicar a la obra del Señor, lo sé; porque el Espíritu Santo me lo indica retirándome esa paz.

Para tener una meditación provechosa, uno debe en primer lugar guardar silencio ante el Señor. Cuando se permanece callado, la confusión que rodea a toda la gente atareada desaparece y el individuo puede meditar. En mi caso, descubro que me toma por lo menos treinta minutos el conseguir guardar silencio delante de Dios. Esa es la razón por la cual la disciplina resulta tan importante si uno quiere llegar a ser un eficaz guerrero intercesor. La persona no puede permitir que los conflictos internos le turben el espíritu; ni que problemas externos afecten a su paz interior. Para tener una meditación auténtica, debe mantenerse el corazón tranquilo delante de Dios.

Después del capítulo 39, el libro de Isaías tiene una pausa muy natural, consecuencia de un cambio de dirección en la meditación que el profeta hace de la Palabra de Dios. Al terminar el Señor con sus juicios en el capítulo trigésimonoveno, en el cuadragésimo empieza a consolar a Israel. Este capítulo 40 finaliza con algunos principios divinos: "El da esfuerzo al cansado, y multiplica las fuerzas al que no tiene ningunas. Los muchachos se fatigan y se cansan, los jóvenes flaquean y caen; pero los que esperan a Jehová tendrán nuevas fuerzas; levantarán alas como las águilas; correrán, y no se cansarán; caminarán, y no se fatigarán" (Isaías 40:29–31).

El principio que se destaca en el versículo recién citado es que la fuerza natural no es suficiente para llevar adelante el trabajo con el pueblo de Dios. Se necesita una energía que va más allá de la juventud y la habilidad natural. Sin embargo, cualquiera que esté dispuesto a esperar en el Señor recibirá la capacidad para realizar esa gran tarea con los creyentes; porque el origen de su fortaleza no será natural, sino espiritual.

Hoy día, mucha gente está tan ocupada que tiene poco tiempo para la oración, y menos aun para esperar delante del Señor en meditación; por lo tanto, no pueden escuchar la voz interior del Espíritu Santo, ya que El no habla con una voz fuerte. Elías aprendió esto:

"Y allí [Elías] se metió en una cueva, donde pasó la noche. Y vino a él palabra de Jehová, el cual le dijo: ¿Qué haces aquí, Elías? El respondió: He sentido un vivo celo por Jehová Dios de los ejércitos; porque los hijos de Israel han dejado tu pacto, han derribado tus altares, y han matado a espada a tus profetas; y sólo yo he quedado, y me buscan para quitarme la vida. El le dijo: Sal fuera, y ponte en el monte delante de Jehová. Y he aquí Jehová que pasaba, y un grande y poderoso viento que rompía los montes, y quebraba las peñas delante de Jehová; pero Jehová no estaba en el viento. Y tras el viento un terremoto; pero Jehová no estaba en el terremoto. Y tras el terremoto un fuego; pero Jehová no estaba en el fuego.

Y tras el fuego un silbo apacible y delicado. Y cuando lo oyó Elías, cubrió su rostro con su manto, y salió, y se puso a la puerta de la cueva. Y he aquí vino a él una voz, diciendo: ¿Qué haces aquí, Elías?" (1 Reyes 19:9–13).

Elías comprendió que la dirección para él no se encontraba en las fuertes manifestaciones del terremoto, el fuego o el viento; sino que Dios lo guiaba por medio de "un silbo apacible".

La manera de oír la voz de Dios es guardando silencio y meditando. ¡Si estamos demasiado ocupados para hacer esto último, también lo estamos para escuchar su voz! Sin embargo, no debemos ser ligeros en lo referente a oír la voz del Señor. Siempre hemos de recordar que Dios ha dicho en la Biblia todo lo que tenía que decir en cuanto a doctrina. Jamás escucharemos algo de El que contradiga a la Escritura revelada e inspirada. El canon de la Escritura se cerró con el último capítulo del libro de Apocalipsis, que incluye asimismo la advertencia: "Si alguno añadiere a estas cosas, Dios traerá sobre él las plagas que están escritas en este libro" (Apocalipsis 22:18).

Disfrutando de la presencia de Dios

Uno de los aspectos de la meditación que me gustan especialmente es lo que yo llamo "dar un paseo espiritual". Del mismo modo que disfruto de esas raras ocasiones en las que puedo salir a pasear tranquilo, sin rumbo fijo, también me deleito meditando o esperando en el Señor sin ningún propósito concreto; sencillamente, me siento en su presencia y gozo de El. No deseo nada en particular, sólo a su Persona; así que me aparto, busco una silla cómoda, cierro los ojos, y espero en Dios. Tal vez no oiga nada, ni experimente cosa alguna; pero siempre me noto renovado después de dar un paseo espiritual con mi precioso Señor. Es un tipo de refrigerio espiritual que puede durar horas enteras.

C. Austin Miles escribió un himno cuyo coro refleja lo que experimento habitualmente. Dice así:

El conmigo está, puedo oír su voz,
Y que suyo, dice, seré;
Y el encanto que hallo en él allí,
Con nadie tener podré.
(Traducción de Vicente Mendoza)

En Judas se habla de Enoc como sigue: "De éstos también profetizó Enoc, séptimo desde Adán, diciendo: He aquí, vino el Señor con sus santas decenas de millares, para hacer juicio contra todos, y dejar convictos a todos los impíos de todas sus obras impías que han hecho impíamente, y de todas las cosas duras que los pecadores impíos han dicho contra él" (Judas 14, 15). Sin embargo, Génesis sólo dice de ese personaje: "Y caminó Enoc con Dios, después que engendró a Matusalén, trescientos años, y engendró hijos e hijas. Y fueron todos los días de Enoc trascientos sesenta y cinco años. Caminó, pues, Enoc con Dios, y desapareció, porque le llevó Dios" (Génesis 5:22–24). ¿Qué pasó con Enoc?

Enoc fue un profeta de los primeros tiempos del hombre sobre la tierra. Por aquel entonces, aún se conocían los relatos acerca del huerto, es decir, la experiencia de Adán con el Señor "al aire del día" en el jardín del Edén. Enoc profetizó acerca de un día que todavía está por venir: la Segunda Venida de Cristo para ejecutar el juicio sobre la tierra. Sin embargo, en medio de su ministerio aprendió a caminar con Dios. Al Señor le gustaba tanto su compañía que dice la Biblia que "desapareció"; Dios se lo llevó al cielo para poder disfrutar de él todo el tiempo. El también está esperando la Segunda Venida de Jesús; cuando será uno de las "decenas de millares" (o del número incontable) de los santos que volverán con Cristo, el Juez justo.

He adquirido una íntima comunión con el Señor que ha aguzado mi espíritu y me ha hecho vencer los ataques de Satanás. Nada es más importante para mí que el rato, sin restricciones, de comunión con Dios del que tanto disfruto. En el caso de muchos de los miembros de mi iglesia, les gusta ir a la Montaña de Oración para este tipo de comunión con El y meditación; otros cuentan con un lugar tranquilo en sus casas. ¡Dónde medite usted no es tan importante como que medite!

Cuarta parte

Métodos

En esta sección, mi objetivo es darle a usted, querido lector, métodos bíblicamente sanos y prácticos que le ayuden en su vida de oración. Habiendo viajado por todo el mundo a lo largo de muchos años, estoy muy consciente de ciertas preguntas que se me han hecho acerca de la oración por todas partes donde he estado. Cada región del globo tiene su propia lengua, cultura y prácticas; sin embargo, todos somos miembros de un solo cuerpo: el de Cristo. Entendiendo que la metodología puede variar de una parte del mundo a otra, aún es cierto que hay principios universales que pueden aplicarse en cualquier sector geográfico. Por ejemplo: Algunas culturas, debido a sus condiciones climatológicas particulares, tienen tendencia a ser más contemplativas que otras; no obstante, a todos se nos ha dado gracia para vencer nuestras inclinaciones naturales a fin de poder ser fieles a la Palabra de Dios. Asimismo encuentro entre los cristianos un deseo universal de avivamiento; y ya que creo que la clave para dicho avivamiento es la oración, quiero compartir algunos métodos que puedan ayudarnos a conseguir dicho fin.

15

CRECIMIENTO EN LA PERSEVERANCIA
(PARA ORAR DURANTE MAS TIEMPO)

Hace poco, un pastor me preguntó: "¿Cómo puedo orar más de una o dos horas?" Después de escuchar una de mis conferencias sobre la oración, sentía un deseo de orar más; pero ya había experimentado ese mismo sentimiento antes, y comenzado una rutina que sólo duró algunas semanas. Posteriormente había vuelto a su corto período de oración a causa del aumento de las presiones de tener que pastorear una iglesia. Esta pregunta, formulada asimismo por otros muchos ministros y creyentes laicos, me ha movido a incluir el presente capítulo sobre cómo crecer en la perseverancia en la oración.

Normalmente, la mayoría de los cristianos fieles oran entre treinta y sesenta minutos al día; pero debido a que por lo general llevan una existencia muy atareada, las presiones de la vida moderna han hecho que muchos lleguen a desear contestaciones inmediatas a oraciones rápidas. Por esta razón, observo que gran cantidad de ellos compran libros y escuchan cintas grabadas cuyo propósito es proporcionarles fórmulas y atajos para que sus oraciones sean contestadas. La gente moderna está acostumbrada al café instantáneo, las curas rápidas, a tener por la noche el periódico del día siguiente, y a recibir las noticias del mundo en diez minutos. Hoy día todo viene en cápsulas, ya se trate de vitaminas o de sermones. En algunos países, en vez de salir juntos para una comida de placer, más y más familias compran alimentos preparados y los consumen dentro del automóvil.

También los cristianos se han visto afectados por este fenómeno sociológico moderno. En el pasado, eran populares en nuestras iglesias los hermosos himnos que hablan de la majestad de Dios; sin embargo, ahora muchas de ellas han dejado a un lado los himnarios y utilizan simplemente hojas de coros. No quiero decir que esté mal cantar coros; pero deberíamos tener ambas cosas. Antes solíamos cantar "Dulce oración"; y ahora pedimos a la gente que nos guíe en "una palabra de oración". Quizás la razón por la que en tantas partes del mundo no tenemos avivamiento sea que no estamos dispuestos a orar más largamente.

Para aprender a orar, no hemos de tener prisa. Alguna vez se ha dicho que Dios es omnipresente (está en todas partes al mismo tiempo) y, sin embargo, nunca anda apresurado. Por lo tanto, debemos aprender a disciplinarnos con el fin de orar más tiempo, y a esperar en oración hasta que El conteste.

Como pastor atareado, la presión del tiempo a la que me veo sometido es extrema. Si este libro lo escribiera una persona que no tuviese otra cosa que hacer sino orar, quizás pocos se sentirían desafiados por él. Sin embargo, pastoreo una iglesia de 503.590 miembros, soy presidente del Movimiento Internacional para el Crecimiento de la Iglesia, debo hablar frecuentemente por la televisión y la radio en dos continentes, pero a pesar de ello ¡tengo que orar! Los métodos que empleo, los empleo realmente a diario. No estoy escribiendo sobre teorías que creo que surtirán efecto. Las cosas de las que hago mención en este libro me sirven cada día en mi vida y me hacen dedicar más tiempo a la oración.

Como ya he dicho, el levantarme temprano por las mañanas me ayuda a tener el tiempo necesario para orar. Por lo general estoy en pie a las cinco de la madrugada. Realmente salto de la cama. Si orase acostado, tal vez me dormiría de nuevo; de modo que es importante cambiar de posición física. Así que me traslado a mi estudio, me siento ante el Señor, y comienzo a adorarle y agradecerle su bondad. David practicaba el entrar por las puertas de Dios de esa manera: "Entrad por sus puertas con acción de gracias, por sus atrios con alabanza; alabadle, bendecid su nombre" (Salmo 100:4).

Después de dar gracias, alabar y adorar a Dios, puedo solicitar su bendición sobre cada cita, sesión de consejo y reunión que tenga ese día. Pido a Dios en detalle por mis asociados (cuento con más de trescientos pastores adjuntos), los misioneros de nuestra iglesia (en cuarenta países), y sus ancianos y diáconos. Luego inquiero la dirección del Señor para cada decisión: "Te haré entender, y te enseñaré el camino en que debes andar; sobre ti fijaré mis ojos" (Salmo 32:8).

Después de haber conseguido una relación personal e íntima con nuestro Señor, El puede guiarnos sosegada y sencillamente. Sin embargo, esto no sucede de la noche a la mañana; se necesita tiempo. Según el deseo que tengamos de ser guiados, así invertiremos de tiempo en la oración.

Después de haber orado por cada departamento de mi iglesia, cada autoridad del país, y por nuestra defensa nacional, lo hago por mi familia, mencionando en forma clara y específica sus necesidades a nuestro Señor. Seguidamente, utilizo mi imaginación y viajo al Japón, país en el que tenemos un amplio ministerio. Pido por nuestros programas de televisión allí que están guiando cada vez a más japoneses a Cristo. Al ser yo también oriental, se acepta mucho mejor mi ministerio que los programas americanos. Por lo tanto, nuestros programas están teniendo un impacto en dicha nación; aunque los recursos para continuar emitiéndolos son limitados. De modo que pido igualmente a Dios que supla cada necesidad económica de nuestra oficina en Japón. El me ha prometido diez millones de almas japonesas para fines de siglo; y sigo recordándole su promesa y pidiéndole las fuerzas y la dirección necesarias para ver esa meta alcanzada. Estoy tan plenamente convencido de que diez millones de japoneses van a doblar sus rodillas ante Jesucristo que puedo contemplarlos con los ojos de mi mente.

Luego, dejando las costas de Japón, cruzo el inmenso Océano Pacífico hasta América del Norte. En Nueva York tenemos otra oficina, y también ellos necesitan oración. Oro por el presidente, el congreso y las demás instituciones de los Estados Unidos. Pido igualmente por los cristianos de esa nación, para que puedan experimentar un avivamiento en sus iglesias; y por nuestros programas de televisión en aquel país, creyendo que Dios los utilizará para traer dicho avivamiento. A continuación, oro por los millares que enviarán sus peticiones de oración a nuestra oficina de Nueva York, y que me serán remitidas a Corea. Tanto los Estados Unidos como Canadá constituyen países claves para el gran avivamiento que viene sobre el mundo entero; de modo que Dios me ha puesto la carga de orar porque esas dos naciones sean avivadas.

Sigo mi jornada hacia el sur, y pido por la América Latina. Al viajar a través de una parte de dicho continente, me he sentido profundamente conmovido y bendecido por la maravillosa gente que lo habita. Dios está actuando en algunos de aquellos países; pero al mismo tiempo, esa región del mundo ha sido elegida como blanco por los comunistas para tomar el poder. Por lo tanto, se deben elevar oraciones por la paz allí, con objeto de que pueda predicarse el evangelio y los pecadores sean salvos antes del fin.

A continuación, atravieso el Atlántico y oro por Europa. Llevo enseñando en ese continente más de quince años; y amo cada nación en la que he predicado. Europa es el semillero del evangelio en Occidente; y sin embargo, en su mayor parte no hay señales de avivamiento. Aunque sé que Dios quiere moverse en el continente europeo, e intercedo por éste en el Espíritu Santo. La Europa Oriental representa una preocupación particular para mí, debido a la opresión y opresión que allí existe. Dios tiene un interés tremendo en cada cristiano que se reúne secretamente en esos países, y yo debo pedir por la seguridad y el éxito de ellos.

El Señor también desea moverse en Africa, Australia y Nueva Zelanda; y me siento especialmente unido a esas áreas del mundo porque están en mi espíritu en oración.

Después llego a mi propio continente, Asia. De todas las regiones de la tierra, Asia es la más necesitada en lo referente al evangelio. Incluye el 80 por ciento de los sitios que jamás han recibido las buenas nuevas de salvación. Por lo tanto, tengo una carga especial por mi continente. Contamos con un ministerio en China acerca del cual no puedo escribir por razones evidentes; mi oración se vuelve entonces hacia ellos.

Como puede ver usted, sólo el orar a diario por todas las grandes necesidades del cuerpo de Cristo en todo el mundo, me lleva por lo menos la mitad de mi período de oración de madrugada. Por último, dedico tiempo a orar por mí mismo. Cuando vengo a darme cuenta, son las siete de la mañana y he de prepararme para ir a mi despacho.

Durante las horas matinales, siento el vigor que me ha infundido la comunión con Dios en la madrugada. Puedo predicar experimentando su unción divina, aconsejar notando su sabiduría, enseñar con su conocimiento; por lo tanto, no soy yo, sino Dios a través de mí llevando a cabo su propósito.

Por la tarde, después de comer, vuelvo a guardar silencio ante el Señor. ¿Por qué? Porque siendo su embajador necesito instrucciones de último minuto de mi cuartel general. David dijo: "Tarde y mañana y a mediodía oraré y clamaré, y él oirá mi voz" (Salmo 55:17).

Uno de los problemas que tienen los creyentes en cuanto a prolongar su vida de oración es que no están dispuestos a repetir sus peticiones por la misma cosa a diario: piensan que orar por algo una sola vez basta. Sin embargo, Dios daba el maná a Israel todos los días. La provisión del día anterior no duraba más de veinticuatro horas. Así nosotros necesitamos la comunicación diaria con nuestro Salvador. Comemos, dormimos y respiramos también cada día. Lo que comimos ayer no satisface nuestras necesidades de hoy; y la aspiración de aire que hemos realizado hace un segundo tendrá que ser repetida una y otra vez o de lo contrario moriremos. Jesús nos enseñó que pidiéramos: "El pan nuestro de cada día, dánoslo hoy". No dijo que recibiríamos pan y no tendríamos que pedirlo de nuevo.

Por la noche, termino el día con oración. Tengo mucho que agradecer a Dios, ya que a diario demuestra su fidelidad hacia mí. Mañana traerá nuevos desafíos para triunfar en los que contaré con la gracia del Señor. Si he fracasado de alguna manera, le pediré más gracia y sabiduría; si he tenido éxito, lo alabaré.

La vida no sería lo mismo sin esas horas de comunión diaria con Dios. Nadie sabe a los problemas que me enfrentaría si no orase cotidianamente. Sé que siendo el pastor de la iglesia más grande del mundo, Satanás trata de acabar conmigo a diario; y si el pudiera hacerme tomar un atajo en mi vida de oración, yo quedaría expuesto a sus ataques. Por lo tanto, no puedo permitirme el pasar por alto ni una hora de mi tiempo de comunión con el Señor en oración, ya que sé que de ahí procede mi fortaleza interna.

¿No quiere usted pedir conmigo que se le conceda un deseo, una fortaleza y una disciplina mayores a fin de orar más tiempo? Piense en cuánta más eficacia tendrá en el ministerio, los negocios o el estudio, si se dedica a prolongar su período de oración.

16

LA ORACION EN EL ESPIRITU SANTO

"¿Qué, pues? Oraré con el Espíritu, pero oraré también con el entendimiento; cantaré con el espíritu, pero cantaré también con el entendimiento" (1 Corintios 14:15).

Pablo testificaba: "Doy gracias a Dios que hablo en lenguas más que todos vosotros" (1 Corintios 14:18). Eso se lo decía a una iglesia a la que estaba corrigiendo por el uso excesivo de las manifestaciones espirituales. De modo que el apóstol practicaba el orar en su lengua de oración más que nadie de la iglesia de Corinto; sin embargo, era motivado por el amor de Dios.

¿Por qué debemos orar en el Espíritu Santo? Pablo enseñaba: "El que habla en lengua extraña, a sí mismo se edifica. . ." (1 Corintios 14:4); y también Judas reafirma este principio: "Pero vosotros, amados, edificándoos sobre vuestra santísima fe, orando en el Espíritu Santo. . ." (Judas 20). Por lo tanto, la forma de edificarse a sí mismo espiritualmente es orando en su lengua de oración.

Me doy cuenta de que mi idioma de oración supone una gran bendición espiritual para mí. Si no nos fuera de provecho orar en el Espíritu Santo, Dios no nos hubiera dado ese precioso don. Antes de ascender al cielo, Jesucristo dijo: "Y estas señales seguirán a los que creen: En mi nombre echarán fuera demonios; hablarán nuevas lenguas. . ." (Marcos 16:17).

Cuando era joven en la fe, no podía comprender la importancia de las lenguas en mi vida cristiana; sin embargo, a medida que pasa más y más tiempo desde que conozco a Jesucristo, tanto más siento dicha importancia. Ahora dedico bastante parte de mi vida de oración a dirigirme a Dios en mi lenguaje espiritual. Al igual que Pablo, oro en el Espíritu, y también con el entendimiento.

Estando en público, prefiero orar en un idioma que todos puedan comprender; sin embargo, en mi tiempo devocional privado, utilizo mucho mi lengua de oración. La Escritura afirma: "Porque el que habla en lenguas no habla a los hombres, sino a Dios; pues nadie le entiende, aunque por el Espíritu habla misterios" (1 Corintios 14:2).

Ya que Pablo dice que ningún hombre, sino sólo Dios, puede entender la lengua espiritual de uno, tal oración no puede ser obstaculizada por fuerzas espirituales contrarias como en el caso de Daniel. El espíritu de usted puede comunicarse sin impedimento y directamente con el Padre por medio del Espíritu Santo.

En algunas ocasiones siento una carga de oración; pero tal vez no sepa exactamente por lo que debo orar, o no cuente con las palabras precisas para expresar mis sentimientos. Entonces oro en mi idioma espiritual, y puedo así abrirme paso a través de mi propia incapacidad natural para decirle a Dios lo que estoy sintiendo. En el Espíritu Santo me es posible entrar directamente a la presencia de mi Padre.

La palabra en el original griego que se traduce por "edificar", es *oikodomeu*, que significa colocar una piedra sobre otra. Al igual que cuando se levanta un edificio, uno puede sentir cómo su fe se edifica mientras ora en el Espíritu Santo.

Sabiendo que es importante que mis mensajes estimulen fe y esperanza en el corazón de millares de personas, dedico gran parte de mi tiempo a orar en el Espíritu.

Tengo entendido que muchos de mis amigos evangélicos no han utilizado este importante don espiritual; sin embargo, eso no les convierte en cristianos de segunda categoría. Es más, creo que hoy día el Espíritu Santo está haciendo que todos los cristianos se aproximen unos a otros espiritualmente. Quizás no estemos de acuerdo siempre, o no todos veamos la importancia de utilizar esta lengua espiritual de oración; pero no podemos desestimar su uso en el Nuevo Testamento. Yo sería incapaz de escribir un libro acerca de la oración sin compartir honradamente con usted lo que para mí resulta de gran ayuda cuando oro.

En la vida de cada cristiano hay una lucha interna; el espíritu combate sin cesar contra la carne; y al edificarse usted espiritualmente, encontrará fuerzas para vencer la carne que intenta arrastrarle hacia abajo.

Hoy he recibido una carta de cierto técnico de construcción coreano que vive en Singapur, y que se lamentaba de su debilidad y de cómo había decidido muchas veces no fumar, dejar de hablar mal y no cometer ninguna mala acción. Desde que se convirtió, lo había intentado con mucha frecuencia, pero seguía fracasando. ¿Qué podía hacer —me preguntaba— para fortalecerse espiritualmente? ¿Qué sería de ayuda para ese tipo de cristiano débil? La respuesta que le di fue que desarrollara una lengua espiritual de oración. Cuando aprenda a orar en el Espíritu Santo, éste hará que se edifique espiritualmente en el grado necesario para vencer todas las tentaciones de la carne.

"Y de igual manera el Espíritu nos ayuda en nuestra debilidad; pues qué hemos de pedir como conviene, no lo sabemos, pero el Espíritu mismo intercede por nosotros con gemidos indecibles" (Romanos 8:26).

Como acabo de citar, ¡Pablo afirma que el Espíritu Santo mismo intercede por nosotros! Y ya que orar en el Espíritu Santo significa utilizar nuestra lengua de oración, la manera de fortalecernos, de ayudarnos en nuestra debilidad, es orar en dicha lengua. El Espíritu conoce nuestra necesidad espiritual mejor que nosotros; sin embargo, empleará nuestra propia lengua para orar por ella. ¡Gloria al Señor por el Espíritu Santo!

Una de mis líderes de célula tuvo una experiencia poco común en la oración que subraya lo que estoy compartiendo con usted. Después de cerrar con llave a la puerta de su apartamento, la mujer partió a pie hacia la casa en que se celebraba la reunión. Sin embargo, a un par de cuadras de su hogar sintió algo desacostumbrado en el corazón y una gran carga vino sobre ella. De modo que cayendo de rodillas se puso a orar, y pronto pasó de su lenguaje normal a su idioma de oración. Después de un rato, la carga empezó a dejarla, y supo que había sido oída y que la respuesta estaba en camino.

En la reunión, la hermana predicó su mensaje bajo una fuerte unción del Espíritu Santo, y al terminar el encuentro, volvió a su casa y se encontró con que la habían asaltado. El ladrón, buscando cosas de valor había esparcido ropas por todo el suelo; pero, curiosamente, las joyas y el dinero en metálico, que no estaban escondidos, se encontraban intactos. De algún modo, el asaltante había sido cegado a los objetos obviamente de valor del apartamento. Creemos que cuando la mujer iba de camino a la reunión, el Espíritu Santo vio la necesidad y le hizo orar; y mientras el Espíritu intercedía por ella, el ladrón fue estorbado y no pudo robar ninguna cosa de mucho precio. ¡Dios vio y Dios contestó!

Durante la guerra de Vietnam, muchos de los jóvenes de nuestra iglesia fueron a combatir junto con nuestros aliados americanos en las junglas de aquel país; y muchos padres venían a decirme: "Pastor, no sabemos cómo ni por qué orar. ¡Por favor, ayúdenos, porque no conocemos el estado de nuestros hijos!" Y la respuesta que les daba era: "¿Por qué no pedimos a Dios que utilice nuestra lengua de oración, puesto que no sabemos qué pedir?" Luego orábamos: "Amado Padre celestial, utiliza nuestro idioma de oración y ora a través de nosotros por nuestros hijos. Suple, por favor, las necesidades que ellos tienen hoy. Tú sabes cuáles son esas necesidades; tú conoces sus condiciones." Pronto estábamos todos orando en nuestra lengua de oración, y continuábamos haciéndolo hasta que la carga nos dejaba. En ocasiones, algunos de los padres seguían pidiendo en el Espíritu durante días enteros, hasta que se sentían libres.

Doy testimonio, para alabanza y gloria de Dios, de que durante la guerra de Vietnam no murió ninguno de los chicos de nuestra iglesia. Tal vez las balas les pasaran cerca, pero nuestros hijos fueron protegidos por el Espíritu Santo.

Esta es la razón por la cual no descuido lo que Dios en su gracia me ha dado. Le pido a usted que ore acerca de esta importante forma de oración. Pregunte al Señor cómo puede ser protegido, edificado y fortalecido de una manera nueva por el Espíritu Santo. Y para aquellos de ustedes que oran en el Espíritu Santo, ¡por favor, no apaguen el Espíritu en su vida!

"Dad gracias en todo, porque esta es la voluntad de Dios para con vosotros en Cristo Jesús. No apaguéis al Espíritu. No menospreciéis las profecías. Examinadlo todo, retened lo bueno" (1 Tesalonicenses 5:18–21).

Para ser intercesores espirituales, debemos tener un deseo de colocarnos en la brecha. La palabra "intercesor" significa, literalmente, uno que se pone en medio: hemos de estar dispuestos a colocarnos entre la necesidad y Dios, el único capaz de satisfacerla.

También debemos estar dispuestos a ser usados por el Espíritu Santo en la oración en momentos y sitios inesperados; y por necesidades de las que no somos conscientes en lo natural. Puede tratarse de algo que se necesita en otra parte del mundo, y sin embargo el Espíritu querer usarnos para suplirlo en oración. Dios está buscando gente que se deje utilizar por El. Y para ser un intercesor eficiente, debe usted estar también dispuesto a orar en el Espíritu Santo.

17

LA ORACION DE FE

La fe es el ingrediente especial que llena de poder la oración y la hace producir resultados. Si oramos sin fe, estamos simplemente emitiendo sonidos en el aire que nunca pasan del techo. La Escritura dice al respecto: "Pero sin fe es imposible agradar a Dios; porque es necesario que el que se acerca a Dios crea que le hay, y que es galardonador de los que le buscan" (Hebreos 11:6). En otras palabras: cuando nos acercamos a Dios en oración debemos hacerlo con una actitud de fe. El Señor no hace de la fe algo opcional; necesitamos tenerla a fin de que nuestras oraciones sean oídas. Por lo tanto, Dios no escuchará una petición en la que se duda: ¡sólo contesta las que se hacen con fe!

¿Cómo podemos tener más fe en la oración?

Con objeto de ayudarle a adquirir fe en sus oraciones, deseo compartir con usted tres pasos elementales:

1. ¡Tenemos que dirigir claramente nuestra fe hacia un objetivo!

Como ya he declarado anteriormente respecto a la oración, nuestra fe debe fijarse en un blanco definido y seguro. Al igual que el cohete que se dispara desde una rampa de lanzamiento va dirigido a un blanco preciso, y la computadora está fija en las coordenadas debidas, también nuestras oraciones de fe deben contar con un objetivo.

Cierto hombre me pidió en una ocasión:

—Pastor Cho, por favor, ore para que el Señor me bendiga.

Yo le respondí:

—¿Qué tipo de bendición desea?

—¿Qué tipo de bendición desea usted? Hay miles de ellas en la Biblia. Para recibir respuesta tiene usted que ser específico; de otro modo no sabrá si Dios le ha contestado.

Si tiene usted necesidades económicas, no se contente con pedir a Dios: "¡Señor, necesito algo de dinero; así que ayúdame por favor!" Debemos orar diciendo: "Señor, necesito diez mil pesos para pagar las facturas que tengo pendientes, y te pido que, por favor, me los mandes a fin de que pueda hacerlo. ¡Qué no tenga tu siervo que pasar vergüenza!" De modo que si necesita diez mil, ¡pida esa cantidad específicamente! Y si son 589.50 no solicite aproximadamente seiscientos; ¡ore por la suma exacta que necesita!

Dios siempre ha contestado a las oraciones directas y concretas. Todo lo que Él hace tiene un plan y un propósito. En Génesis 1 y 2 se nos dice que Dios creó dentro de unos marcos de tiempo específicos llamados días. Cuando mandó a Moisés que construyera el tabernáculo, le dio instrucciones claras; no dejó que él decidiera si habría de confeccionar la tienda de aproximadamente veinte codos (la longitud que hay entre el codo y la punta del dedo); no, se le dijo exactamente cómo debía ser de larga y de ancha. Por lo tanto, Dios es un Dios preciso, y Él espera de nosotros que oremos con precisión.

La fe es la certeza de *lo* que se espera; no de las generalidades, sino de las cosas específicas que se aguardan. Es asimismo la convicción de *lo* que no se ve; muy específico otra vez (véase Hebreos 11:1).

2. ¡La oración de fe debe llevarnos a visiones y sueños! El profeta Joel dijo: "Y después de esto derramaré mi Espíritu sobre toda carne, y profetizarán vuestros hijos y vuestras hijas; vuestros ancianos soñarán sueños, y vuestros jóvenes verán visiones" (2:28). ¿Y cómo ven los jóvenes visiones y sueñan los viejos sueños? Pueden hacerlo porque las visiones y los sueños son el lenguaje del Espíritu Santo.

Refiriéndose a la fe de Abraham, Pablo dijo: ". . . Delante de Dios, a quien creyó, el cual da vida a los muertos, y llama las cosas que no son como si fuesen" (Romanos 4:17). En Romanos se nos amplía la fe de Abraham, no sólo describiendo su naturaleza, sino asimismo la naturaleza del Dios sobre el que descansaba. Abraham fue capaz de creer en un Dios que podía crear e impartir una visión y un sueño referentes a su promesa hasta el punto de que lo que no era obvio para el ojo era aún real por la fe. Por lo tanto, Abraham "no dudó" de la promesa de Dios. Puesto que Dios lo había dicho, él lo creía, no fijándose en su propia incapacidad biológica para procrear a la edad de cien años. Abraham tenía la realidad en sus visiones y sueños.

Dios llama las cosas que no son como si fuesen. Así como Abraham y Sara fueron capaces de ver a sus hijos por la fe, pasando por alto el hecho de que ambos habían superado hacía mucho la etapa de fertilidad de la vida, usted también puede ver la realidad de su oración de fe.

A Abraham se le dijo que mirase a las estrellas y las contara por la noche. . . así habría de ser su descendencia. Su imaginación se vio abrumada por el cumplimiento de su fe. Durante el día, habría de subir a la cima de una montaña y mirar hacia el este, el norte, el sur y el oeste. . . todo lo que alcanzaba a ver sería suyo; de modo que su imaginación volvió a quedar impregnada de la promesa divina, y Dios usó aquella visión para edificar su fe.

El hombre sabe todavía poco acerca del funcionamiento de su cuerpo y de su mente. Ha viajado al espacio sideral, pero tiene un conocimiento muy limitado de su espacio interior. Pero si tan poco conoce sobre su cuerpo y su mente, todavía sabe menos acerca de cómo funciona su espíritu.

El Señor ha prometido darle a usted los deseos de su corazón. Naturalmente, como ya indiqué en la segunda sección de este libro —"Orar es pedir"—, esos deseos deben estar de acuerdo con la Palabra de Dios: la Biblia.[5]

Por ejemplo: Si una chica cristiana ora para que Dios le dé un esposo, y conoce a un hombre que no es creyente, ese hombre no constituye la respuesta a su oración. ¿Por qué? Porque la Palabra de Dios ya dice: "No os unáis en yugo desigual con los incrédulos; porque ¿qué compañerismo tiene la justicia con la injusticia? ¿Y qué comunión la luz con las tinieblas? (2 Corintios 6:14). Por lo tanto, sin importar cuánto ore para que el joven sea su marido, la Palabra de Dios ha prescrito que el Señor no oirá esa oración. Ya puede la chica orar específicamente, reclamar todas las promesas... que Dios sólo contestará a las oraciones que estén de acuerdo con su Palabra revelada: la Biblia.

Dios es el Dios del eterno presente. El ve el fin desde el comienzo. La fe a la que Dios responde es la fe "actual", que se menciona en el primer versículo de Hebreos 11. Cuando oramos con fe, pasamos al terreno de la cuarta dimensión: contemplamos los resultados de la promesa que Dios nos ha hecho como si ya los tuviéramos. No desfallecemos a causa de las circunstancias —que pueden parecer imposibles—, sino que gozamos del reposo de Dios, es decir, permanecemos firmes, sin fluctuar, sabiendo que Dios es fiel para hacer las cosas mucho más abundantemente de lo que pedimos o entendemos.

No relegue la respuesta de Dios al futuro, pensando: "Algún día Dios me contestará." Debemos llamar esas cosas que no son como si fuesen. El Señor le cambió a Abram el nombre por el de Abraham (padre de multitudes) antes de que su mujer, Sara, le diera su primer hijo. ¿Puede usted imaginarse la reacción de todos los que conocían a aquel hombre poderoso? Debieron sacudir la cabeza y preguntarse por qué Abram cambiaba su nombre antes de contar con los resultados de la promesa. Sin embargo, Abraham no titubeó: ya había aprendido a entrar en el presente de Dios por la fe, y a llamar a lo que todavía no era como si fuese.

A Abraham se le llama el padre de los creyentes porque experimentó una fe tan dinámica que llegó a ser ejemplo para todos nosotros: "Y no solamente con respecto a él [Abraham] se escribió que le fue contada [la fe], sino también con respecto a nosotros..." (Romanos 4:23, 24). Debemos seguir el ejemplo de Abraham aprendiendo la oración de fe.

3. Para orar con fe hemos de quitar todos los obstáculos que puedan hacer nula la contestación de Dios.

---

[5] Lea: *La cuarta dimensión.*

La oración de fe exige que sigamos orando hasta tener la certeza en nuestro corazón de que Dios nos ha oído y que la respuesta está en camino. "Así que la fe es por el oír, y el oír, por la palabra de Dios" (Romanos 10:17). En el manuscrito original en griego, el artículo determinado "la" no acompaña a "palabra"; de modo que este versículo podría traducirse: "La fe viene por el oír, (akuo: comprender) y el oir por una palabra de Dios." La fe se libera cuando oramos, cuando se nos da comprensión en nuestro corazón que Dios ha oído y recibimos su garantía (una palabra) de que la respuesta está en camino. Si dejamos de orar antes de recibir esa seguridad, entonces tal vez no hayamos producido la fe suficiente para que nuestra oración sea contestada.

¡También debemos vigilar nuestra confesión! En el versículo 9 de Romanos 10, la confesión se relaciona con la fe. Con frecuencia, los cristianos anulan la respuesta a sus oraciones porque comienzan a hacer declaraciones negativas: "He orado, pero no creo que Dios lo haga." Jamás trate de influir en la compasión de Dios por medio de confesiones negativas. Dios nunca responde a la conmiseración, pero sí a la fe. El no puede ser manipulado mediante la autocompasión: "¡No parece que le importo a nadie!" o "¡Sé que estaré perdido!" ¡Deshágase de toda esa compasión propia y comience a actuar en fe! Tal vez su actitud determine el grado de fe con que ora. ¡Si su confesión es negativa, eso demuestra que su corazón también lo es! Porque de lo que hay en el corazón habla la boca.

¡Una confesión positiva le hará alabar a Dios por la respuesta, aun antes de verla! Se despertará usted por la mañana sabiendo que El le ha escuchado, y confesará con su boca alabanza y acción de gracias. Esto edificará su fe y hará que la mano de Dios actúe a su favor.

Para movernos en la oración de fe debemos asimismo echar de nuestra vida todo pecado.

"Amados, si nuestro corazón no nos reprende, confianza tenemos en Dios; y cualquier cosa que pidiéremos la recibiremos de él, porque guardamos sus mandamientos, y hacemos las cosas que son agradables delante de él" (1 Juan 3:21, 22).

Si en su vida hay pecado, confiéselo enseguida a Dios. ¡No espere hasta la mañana siguiente! ¡Hágalo ahora mismo! Limpie su corazón delante de Dios para que pueda haber un conducto claro de oración entre usted y su Padre celestial: "Si confesamos nuestros pecados, él es fiel y justo para perdonar nuestros pecados, y limpiarnos de toda maldad" (1 Juan 1:9).

Dios puede impedir que cualquier obstáculo de pecado, amargura, odio o temor estorbe la medida de fe que hemos recibido. Dicha medida tiene la capacidad de aumentar y desarrollarse para que nos sea posible orar con fe. ¡Ahora es el momento de empezar a hacerlo! Los resultados de este tipo de oración serán milagrosos: "Y la oración de fe salvará al enfermo, y el Señor lo levantará; y si hubiere cometido pecados, le serán perdonados" (Santiago 5:15).

18

ATENTOS A LA VOZ DE DIOS

La oración es un diálogo, no un monólogo. Para orar eficazmente debemos tanto hablar como escuchar a Dios. Debido a que Dios nos ha llamado a una relación de amor, hemos de comprender la importancia de lo que implica este tipo de vínculo. Ya sea oír la Palabra de Dios para una mejor comprensión de la Escritura, o a fin de recibir su dirección divina para nuestra vida, el saber hacerlo es sumamente importante.

Para escuchar la voz de Dios debemos tener la actitud correcta: "El que quiera hacer la voluntad de Dios, conocerá si la doctrina es de Dios, o si yo hablo por mi propia cuenta" (Juan 7:17). En este versículo, Jesús nos revela la importancia de una actitud dispuesta con relación a la voluntad de Dios. Por lo tanto, si no estamos dispuestos a hacer su voluntad, no podremos oír claramente la voz del Señor. De manera que nuestro deseo de escuchar a Dios debe expresarse mediante una actitud dispuesta. ¿Por qué habría El de hablar a alguien que no quisiese obedecer?

Otro principio importante en cuanto a escuchar a Dios es tener "oídos para oír". En el Evangelio de Lucas, Jesús dice a sus discípulos: "Haced que os penetren bien en los oídos estas palabras; porque acontecerá que el Hijo del Hombre será entregado en manos de hombres" (Lucas 9:44). Sin embargo, ellos no comprendieron lo que Jesús decía, aunque lo oyeron físicamente: "Mas ellos no entendían estas palabras, pues les estaban veladas para que no las entendiesen; y temían preguntarle sobre estas palabras" (Lucas 9:45).

¿Por qué no comprendieron los discípulos lo que se les dijo claramente? No tenían oídos para oír. Mientras Jesús hiciera milagros y manifestase el poder del reino venidero, ellos estaban dispuestos a comprender por lo menos las implicaciones temporales de lo que El enseñaba; sin embargo, cuando les anunció que podían perder a su Mesías y Señor, no quisieron escucharlo, de modo que no lo entendieron.

Estudiando la cognición (proceso mental por el que adquirimos el conocimiento), los pedagogos han descubierto que un estudiante comprende y retiene mejor lo que se siente motivado a aprender. Si el alumno está familiarizado con el tema de estudio, entenderá mejor que si no es así; y si considera lo que se dice de importancia para sus necesidades, prestará más atención. Los discípulos no tenían interés en oír acerca de la posibilidad de que Jesús fuera apresado por sus enemigos; de modo que no escucharon.

Así que tener oídos para oír es contar con la capacidad de comprender lo que se dice gracias a la actitud correcta: la obediencia. Si no queremos sinceramente hacer la voluntad de Dios, no podremos escucharle.

"El que tiene oído, oiga lo que el Espíritu dice a las iglesias" (Apocalipsis 3:6). Este versículo se repite varias veces en los capítulos 2 y 3 de Apocalipsis, e implica que no podemos escuchar lo que el Espíritu está hablando si no contamos con un oído que oye. No es que no querramos escuchar; sino que debemos tener la capacidad de hacerlo.

Cuando escuchamos la voz de Dios, a menudo El corrige nuestras malas actitudes, nos aconseja y nos da dirección clara. Si hemos pecado, el Espíritu Santo está listo para redargüirnos y volvernos a llevar al lugar donde cometimos el pecado.

¿Cómo desarrollamos un oído que oye para escuchar lo que el Espíritu nos está diciendo? Para ello necesitamos ser obedientes en lo que ya sabemos es la voluntad de Dios. ¿Por qué habría El de dirigirnos si no hemos obedecido en lo que hasta ahora nos ha guiado a hacer?

Si en nuestra vida hay pecado que nos impide obedecer a Dios, debemos confesarlo rápidamente y ponerlo bajo la sangre de Cristo. Eso limpia nuestra vida y nos hace volver a una relación de amor con Jesucristo, al tiempo que nos capacita para oír su voz.

La voz y el momento de Dios

Dios puede hablarnos, pero hemos de aprender a conocer su momento; y eso requiere disciplina y paciencia. "Jehová el Señor me dio lengua de sabios, para saber hablar palabras al cansado; despertará mañana tras mañana, despertará mi oído para que oiga como los sabios" (Isaías 50:4).

El contexto de este versículo es muy importante para aprender a escuchar a Dios y a movernos en su momento oportuno. Isaías 50 comienza señalando el triste estado de Israel; y luego, Dios formula la retórica pregunta: ¿Por qué? La respuesta es que cuando El quiso visitar a su pueblo con bendición, no pudo encontrar a ningún hombre dispuesto a ser usado. Luego leemos el versículo que acabamos de citar y que proféticamente tiene que ver con la venida del Mesías. Sin embargo, el principio divino implicado en el mismo sigue siendo válido para todos los que están deseosos de escuchar y obedecer a la voz de Dios. Debemos ser disciplinados (sabios), y no sólo conocer la palabra adecuada; sino también hablar y obedecer en el momento oportuno.

El apóstol Pablo quería predicar en Asia —tenía un deseo muy grande de compartir el inigualable evangelio de Jesucristo en aquella necesitada parte del mundo—; sin embargo, el Espíritu Santo no le permitió ir. Luego quiso viajar a Bitinia, y el Espíritu tampoco le dejó; de modo que Pablo acabó en Troas. Pero por la noche, Dios le dirigió hacia Europa: esa era la voluntad divina. Miles de años después, el evangelio fue predicado en Asia. ¡Es crucial actuar en el momento escogido por Dios!

Hace muchos años me encontraba con el fundador de la primera emisora de televisión cristiana en América; un hombre de fe que ya tenía programa de radio en California. Estando en su casa, me persuadió de la necesidad de contar con una emisora de radio cristiana en Corea del Sur. Hicimos todos los arreglos; comprando el costoso equipo y contratando al personal apropiado. Sin embargo, no logré conseguir con el permiso necesario, y oraba continuamente a Dios, pero sin resultado alguno. No era el momento oportuno. Hoy día, mis ministerios de televisión y radio alcanzan toda Corea del Sur. ¡Ha llegado el momento oportuno!

Por lo tanto, esté dispuesto a obedecer, mantenga la actitud espiritual correcta, obedezca lo que ya sabe que es la voluntad de Dios, y comience a escuchar atentamente cuando ora. Tal vez el momento perfecto para llevar a cabo sus pensamientos no haya llegado todavía, pero Dios le guiará en el camino en que deba andar. Aunque tarde, su dirección es segura: "Así será mi palabra que sale de mi boca; no volverá a mí vacía, sino que hará lo que yo quiero, y será prosperada en aquello para que la envíe" (Isaías 55:11).

Dios quiere hombres y mujeres con oídos para oír lo que el Espíritu Santo está diciendo a la iglesia. El problema no consiste en que El haya dejado de hablar, sino en que nosotros no estamos escuchando.

Es de importancia capital en cuanto a escuchar a Dios el reconocimiento de que El es un Padre amoroso y nosotros sus hijos por medio de Jesucristo nuestro Señor.

Como padre de tres hijos varones, aprecio de manera especial esta importante relación que tenemos con Dios. Aunque mis hijos se parecen entre sí en el aspecto externo, son muy diferentes en cuanto a personalidad. Cada uno de ellos tiene una forma característica de escuchar y comprender; y ya que además los tres pertenecen a grupos de edades distintos, hay que tratar a cada uno de un modo diferente. Soy responsable de comunicarme con ellos de manera que puedan entender y no hablo al menor de la misma forma que al mayor. Nuestro Padre celestial hace lo mismo.

Dios desea comunicarse con nosotros aún más de lo que nosotros queremos hacerlo con El; y puesto que conoce el nivel espiritual de cada uno, nos habla como corresponde.

Su Palabra se dirige a nosotros de varias formas. Jeremías profetizó: "¿No es mi palabra como fuego, dice Jehová, y como martillo que quebranta la piedra?" (Jeremías 23:29).

Por lo tanto, la Palabra de Dios puede dirigirse a nosotros poderosamente: como fuego que enciende una respuesta, o como martillo que rompe toda oposición; y también puede tener por objetivo nuestra mente en vez de nuestras emociones. "Venid luego, dice Jehová, y estemos a cuenta. . ." (Isaías 1:18).

Sea cual fuere la forma en que Dios prefiera hablarnos, debemos aprender a escuchar, y acordarnos de juzgar todo lo que oigamos por su Palabra revelada: la Biblia. Al apóstol Juan le preocupaba particularmente esto cuando escribió:

"Y el que guarda sus mandamientos, permanece en Dios, y Dios en él. Y en esto sabemos que él permanece en nosotros, por el Espíritu que nos ha dado. Amados, no creáis a todo espíritu, sino probad los espíritus si son de Dios; porque muchos falsos profetas han salido por el mundo" (1 Juan 3:24–4:1).

Así que el Espíritu Santo es capaz de dirigirnos a una sensibilidad espiritual mediante la cual podemos "probar" (juzgar) lo que oímos; y distinguir entre la guía de Dios y las voces humana o satánica. ¿Y cómo nos dirige Dios? Al igual que un cajero de banco es capaz de distinguir entre billetes falsos y verdaderos porque maneja estos últimos, también nosotros, si permanecemos en El y guardamos sus mandamientos, podemos discernir la voz de Dios.

En el evangelio de Mateo, leemos: "Entonces, si alguno os dijere: Mirad, aquí está el Cristo, o mirad, allí está, no lo creáis. Porque se levantarán falsos Cristos, y falsos profetas, y harán señales y prodigios, de tal manera que engañarán, si fuere posible, aun a los escogidos" (24:23–24).

A medida que nos vayamos acercando a los últimos días, la falsa profecía abundará más y más; y Satanás intentará engañar a la Iglesia utilizando muchas voces. Sin embargo, los que aprendan a escuchar a Dios no serán engañados, porque sabrán la diferencia que existe entre El y las voces falsas. Si saben oír la voz del Señor, no podrán ser engañados por otras voces. Cada vez es más importante aprender a probar los espíritus y ser capaces de distinguir entre Dios y el diablo.

Jesús continúa describiendo el estado del mundo al final de esta era, y afirma: "Mas como en los días de Noé, así será la venida del Hijo del Hombre. Porque como en los días antes del diluvio estaban comiendo y bebiendo, casándose y dando en casamiento, hasta el día en que Noé entro en el arca, y no entendieron hasta que vino el diluvio y se los llevó a todos, así será también la venida del Hijo del Hombre" (Mateo 24:37–39).

El tiempo anterior a la Segunda Venida de Jesucristo se conoce como los últimos días. Los versículos que acabamos de citar describen esos días, que serán semejantes a aquellos en los que Noé construyó su arca. Cuando se acercaba el día del juicio, la gente seguía actuando como si nada sucediera; no estaban conscientes del tiempo en que vivían. También hoy día, la gente se ocupa en sus asuntos normalmente, sin saber que se aproxima el fin del mundo. No están escuchando a la voz de Dios, ni se encontrarán listos cuando venga el Señor.

¿Qué importancia tiene estar en una comunión ungida con el Espíritu Santo al acercarse la Segunda Venida? La respuesta a esta trascendente pregunta la encontramos en el Evangelio de Mateo:

"Entonces el reino de los cielos será semejante a diez vírgenes que tomando sus lámparas, salieron a recibir al esposo. Cinco de ellas eran prudentes y cinco insensatas. Las insensatas, tomando sus lámparas, no tomaron consigo aceite; mas las prudentes tomaron aceite en sus vasijas, juntamente con sus lámparas. Y tardándose el esposo, cabecearon todas y se durmieron. Y a la medianoche se oyó un clamor: ¡Aquí viene el esposo; salid a recibirle! Entonces todas aquellas vírgenes se levantaron, y arreglaron sus lámparas. Y las insensatas dijeron a las prudentes: Dadnos de vuestro aceite; porque nuestras lámparas se apagan. Mas las prudentes respondieron diciendo: Para que no nos falte a nosotras y a vosotras, id más bien a los que venden, y comprad para vosotras mismas. Pero mientras ellas iban a comprar, vino el esposo; y las que estaban preparadas entraron con él a las bodas; y se cerró la puerta" (Mateo 25:1–10).

Si aprendemos a escuchar a Dios, sabremos lo que El está haciendo: "Porque no hará nada Jehová el Señor, sin que revele su secreto a sus siervos los profetas" (Amós 3:7); y la venida del Señor no nos tomará por sorpresa.

Aprendiendo a permanecer en Cristo por medio del Espíritu Santo, no permitiremos que nuestro aceite escasee; sino que estaremos vigilantes esperando la Segunda Venida de Cristo.

Vivimos en una época en la que la mayor parte de los cristianos, a nivel mundial, no están conscientes de lo avanzado de la hora; por lo tanto, resulta imperativo que aprendamos a escuchar la voz de Dios a diario.

19

LA IMPORTANCIA DE LA ORACION EN GRUPO

Cuando oro a solas, puedo ejercer únicamente mi propia fe como individuo; sin embargo, al hacerlo en grupo, con mis hermanos en Cristo, el poder de nuestra fe aumenta en progresión geométrica.

Moisés dijo al pueblo de Israel que uno podría hacer huir a mil, pero dos a diez mil (véase Deuteronomio 32:30). El secreto al que se estaba refiriendo, para ese aumento en progresión geométrica y no aritmética del poder que experimentan dos personas juntas, era la presencia de la Roca en medio de ellas. Jesús afirmó lo mismo al decir a sus discípulos que donde había dos o tres reunidos en su nombre, El estaba allí en medio de ellos (Mateo 18:20). Cuando dos cristianos o más se reúnen en nombre del Señor, tiene lugar automáticamente una manifestación del cuerpo de Cristo, lo cual hace efectiva la promesa de que lo que atemos en la tierra será atado en el cielo. Esta promesa no fue hecha únicamente a Pedro, sino a la comunidad cristiana unida en la fe (véase Mateo 18:18).

Entre los años 1969 y 1973 pasé la peor prueba de mi vida; pensé que me ahogaría sin remedio en las aguas de la angustia que me rodeaban en aquel tiempo. Acabábamos de empezar a construir nuestro santuario actual de diez mil asientos, además de un edificio de apartamentos de gran altura, y no teníamos suficiente dinero.

La devaluación del dólar provocó una crisis económica en Corea; y el embargo de petróleo nos empujó todavía más hacia la recesión. La gente de nuestra iglesia perdió sus trabajos, y nuestros ingresos disminuyeron considerablemente. En medio de todo aquello, los costos de edificación aumentaron súbitamente a causa de la inflamación resultante. Con mis ojos naturales sólo podía ver una cosa: la bancarrota.

Comencé a orar en el húmedo y oscuro sótano sin acabar de nuestra iglesia; y pronto otros empezaron a unirse a mí en la oración, hasta que nuestras plegarias alcanzaron el trono celestial y fuimos liberados. Una vez terminado el edificio comprendimos la importancia de la oración en grupo. Miles de personas combinaron su fe para hacer realidad el milagro que ahora se conoce como la iglesia más grande de la historia del cristianismo.

Hace poco, el doctor Billy Graham y yo nos reunimos para orar y hablar acerca de cómo alcanzar a Japón con el evangelio. En Amsterdam, Holanda, él había dicho: "El cristianismo no ha crecido en Japón de una manera significativa en los dos últimos siglos." Y aparte me había dicho que durante su gran campaña en Osaka, un líder japonés le dijo que en realidad a los japoneses nunca se les había explicado claramente ni presentado de un modo pertinente el Evangelio. Ahora estoy orando para que diez millones de personas en ese país doblen sus rodillas ante Jesucristo y sean salvas antes de terminar el siglo XX. Mi iglesia entera pide por eso como un solo hombre. Hemos establecido una pauta, un objetivo y un método claros; ¡y creemos que ha llegado la hora del Japón!

De 120 millones de japoneses, sólo 400.000 son católicos, y 300.000 protestantes. La sociedad del Japón es primordialmente secular: la riqueza y el poder constituyen sus metas. ¿Qué es lo que puede romper la resistencia que ha habido en ese país al evangelio durante siglos? La respuesta es una oración persistente y unida en grupo por esa nación.

Jesús prometió: "Otra vez os digo, que si dos de vosotros se pusieren de acuerdo en la tierra acerca de cualquier cosa que pidieren, les será hecho por mi Padre que está en los cielos. Porque donde están dos o tres congregados en mi nombre, allí estoy yo en medio de ellos" (Mateo 18:19, 20).

El día primero de enero del año pasado, leí que 80 millones de japoneses visitaban santuarios paganos para rendir homenaje a los ídolos, lo cual indica claramente que una fuerza ha mantenido atada a esa nación durante tantos años. Cuando en nuestra iglesia oramos por el Japón, lo estamos haciendo por uno de los bastiones más poderosos de Satanás. Aunque los japoneses son muy corteses y civilizados, todavía se hallan atrapados, sin saberlo, en la red del diablo. Sin embargo, creo que Dios es suficiente y tengo plena confianza de que lo que atamos en oración sobre la tierra queda atado también en el mundo espiritual del cielo. ¡Nada nos impedirá conseguir la victoria para Cristo en el Japón por medio de la oración! Por favor, únase a mí y ore por un avivamiento en ese país.

Si la progresión geométrica de la fe no falla, es decir, si uno puede hacer huir a mil y dos a diez mil, ¿se imagina usted la cantidad de demonios que podemos echar del Japón en fe si une usted sus oraciones a las de los 370.000 creyentes coreanos para que Satanás sea atado sobre ese país? ¡Tenemos la victoria en Cristo! ¡Amén!

¿Qué puede obstaculizar la oración en grupo?

Mateo cuenta un importante relato que subraya el único impedimento a la fe y al poder:

"Aconteció que cuando terminó Jesús estas parábolas, se fue de allí. Y venido a su tierra [Nazaret], les enseñaba en la sinagoga de ellos, de tal manera que se maravillaban, y decían: ¿De dónde tiene éste esta sabiduría y estos milagros? ¿No es éste el hijo del carpintero? ¿No se llama su madre María, y sus hermanos Jacobo, José, Simón y Judas? ¿No están todas sus hermanas con nosotros? ¿De dónde, pues, tiene éste todas estas cosas? Y se escandalizaban de él. Pero Jesús les dijo: No hay profeta sin honra, sino en su propia tierra y en su casa. Y no hizo allí muchos milagros, a causa de la incredulidad de ellos" (Mateo 13:53–58).

La incredulidad impidió que todo un pueblo viera el poder de Dios a través de su Hijo Jesucristo. La incredulidad es lo contrario a la fe, y obstaculiza la operación de ésta haciendo ineficaz la oración.

Los discípulos experimentaron incredulidad al intentar sin éxito echar fuera demonios: "Viniendo entonces los discípulos a Jesús, aparte, dijeron: ¿Por qué nosotros no pudimos echarlo fuera? Jesús les dijo: Por vuestra poca fe; porque de cierto os digo, que si tuviereis fe como un grano de mostaza, diréis a este monte: Pásate de aquí allá, y se pasará; y nada os será imposible" (Mateo 17:19–20).

Por lo tanto, no puede haber incredulidad cuando nos enfrentamos a las fuerzas de Satanás. Si permitimos que dicha incredulidad esté presente en el transcurso de la oración, quebrará el poder del grupo.

La Escritura nos enseña que Abraham recibió la fuerza necesaria para engendrar a Isaac porque no permitió que hubiera incredulidad en su corazón (véase Romanos 4:20). Pablo afirma asimismo que Israel fue cortado del árbol viviente de la fe debido a su incredulidad (véase Romanos 11:20).

La Epístola a los Hebreos, por su parte, hace una seria advertencia respecto a la incredulidad: "Mirad, hermanos, que no haya en ninguno de vosotros corazón malo de incredulidad para apartarse del Dios vivo; antes exhortaos los unos a los otros cada día, entre tanto que se dice: Hoy; para que ninguno de vosotros se endurezca por el engaño del pecado. Porque somos hechos participantes de Cristo, con tal que retengamos firme hasta el fin nuestra confianza del principio" (Hebreos 3:12–14).

La incredulidad entra furtiva y solapadamente en el hombre, creando en él un corazón malo como lo llama el autor de Hebreos. De igual manera que la fe aumenta el poder en la oración, la incredulidad lo destruye; es como un cáncer que debe extirparse por completo.

Pablo advierte a los cristianos de Corinto que no se asocien con los incrédulos (véase 2 Corintios 6:14).

Jairo era un principal de la sinagoga que pidió a Jesús que fuese a orar por su hija. Mientras el Señor caminaba hacia la casa del hombre, una gran multitud se reunió para ver lo que sucedería, y cierta mujer que había gastado todo su dinero en médicos se abalanzó sobre Cristo, pero sólo pudo tocar el borde de su vestidura. Al hacer esto, quedó sanada del flujo de sangre que había sufrido durante muchos años. Jesús, notando que había salido poder de su cuerpo, preguntó: "¿Quién me ha tocado?" La historia prosigue en Marcos 5 cuando el Señor le dice a la mujer: "Hija, tu fe te ha hecho salva" (v. 34). Después que Jesús dijo esto, un hombre vino a decirle al dirigente de la sinagoga que su hija había muerto; y la respuesta de Cristo fue: "No temas, cree solamente" (versículo 36).

La narración llega a su clímax cuando Jesús se acerca a la casa donde se estaba llorando a la niña muerta: "Y no permitió que le siguiese nadie sino Pedro, Jacobo y Juan hermano de Jacobo. Y vino a la casa del principal de la sinagoga, y vio el alboroto y a los que lloraban y lamentaban mucho. Y entrando, les dijo: ¿Por qué alborotáis y lloráis? La niña no está muerta, sino duerme. Y se burlaban de él. Mas él, echando fuera a todos, tomó al padre y a la madre de la niña, y a los que estaban con él, y entró donde estaba la niña" (Marcos 5:37–40).

Hemos de darnos cuenta de que Jesús fue muy cuidadoso en cuanto a quién debía acompañarle adentro de la casa. Sólo quería que estuviesen con él, cuando resucitara a la niña muerta, los discípulos que no tenían incredulidad. Y si Jesús era cauto respecto a quién dejaba que orase con El, ¿no deberíamos serlo también nosotros?

Por lo tanto, resulta sumamente importante que en nuestro grupo de oración impidamos que se manifieste cualquier tipo de incredulidad. En nuestra iglesia, primero edificamos la fe por medio del estudio bíblico y la enseñanza, y luego nos unimos en oración. La verdad echa fuera la incredulidad, y la Palabra de Dios es la verdad. La oración en grupo puede verse obstaculizada por la incredulidad, pero es posible quitar dicha incredulidad en el nombre del Señor Jesucristo.

Aunque Dios escucha nuestras oraciones individuales, la oración en grupo es importante, sobre todo cuando estamos atando las fuerzas de Satanás.

Quinta parte

La base del poder en la oración

20

LA ORACION PODEROSA

¡Para que la oración combata poderosamente a las fuerzas de Satanás, ha de estar basada en el pacto de sangre de Jesucristo! Ese es un cimiento seguro sobre el cual edificar nuestra fe, a fin de orar de un modo eficaz. No existe ningún otro fundamento bíblico que pueda darnos el entendimiento necesario y guiarnos durante los momentos de tentación y duda. La base para nuestra comprensión de lo que es el pacto y de su suprema importancia para los cristianos la constituye la Palabra de Dios: las Escrituras. A fin de entender de qué manera este pacto de gracia es el cimiento de nuestra oración victoriosa, debemos comprender primero la naturaleza de dicho pacto.

¿Que es un pacto?

Un pacto es un contrato entre dos individuos; y en especial entre reyes y gobernantes. Abraham hizo un pacto con Abimelec (Génesis 21:27); Josué con el pueblo de Dios (Josué 24:25); Jonatán con la casa de David (1 Samuel 20:16); Acab con Ben-adad (1 Reyes 20:34). Por lo tanto, debemos basar nuestra comprensión de lo que es un pacto en el registro bíblico de contratos o acuerdos que había que cumplir.

También la relación de Dios con el hombre se ha basado invariablemente en un pacto. Desde el que estableció con Adán en el huerto de Edén hasta el que tiene con la iglesia en el Nuevo Pacto, Dios siempre ha aclarado cuáles eran las responsabilidades de cada parte en sus tratos con nosotros. Si nosotros cumplimos los términos que se refieren a nuestras obligaciones, Dios también cumplirá los que tienen que ver con las suyas. Si quebrantamos el acuerdo, entonces seguirán los resultados apropiados y justificados de dicho quebrantamiento. Por lo tanto, en los pactos de Dios con el hombre siempre se han especificado las partes o principios, las estipulaciones o promesas mutuas, y las condiciones.

Las partes

En el pacto hecho mediante la sangre de Cristo, o Nuevo Pacto, las partes son: Dios mismo y la humanidad caída. El hombre, por su pecado original —el pecado de Adán— cayó de la gracia y del favor de Dios, de modo que vive apartado de la comunión con su Creador, y perdido en la inmundicia y el lodazal del pecado. El ser humano no es pecador porque peca, sino que peca porque es esencialmente pecador. Motivado por un amor puro, no provocado e inmerecido, Dios mandó a su Hijo unigénito, Jesucristo, para que asumiera la naturaleza humana. Su propósito era que viviese una vida perfecta y sin pecado en esa naturaleza, demostrando de una vez por todas la habilidad que el hombre recibiera en un principio para mantenerse por encima del pecado. Luego, Jesús sufrió la paga de dicho pecado del ser humano muriendo en la cruz. Mediante su muerte expiatoria, la ira de Dios ha quedado satisfecha y se ha abierto para el hombre el acceso a la presencia divina.

En el pacto de Dios con Israel, Moisés actuó de mediador. En otras palabras, se le dio la responsabilidad de explicar al pueblo lo que entrañaba el contrato. Ahora, en el nuevo pacto de sangre de Cristo, Jesús es el mediador, a través del acta que dejó tras de sí para que la siguieran los firmantes de ese nuevo acuerdo. Hebreos considera ambos pactos, y juzga que el nuevo es mejor, debido a las promesas hechas por el mediador: Dios ejecuta la palabra, y el hombre es el beneficiario. Aunque, si lo examinamos detenidamente, en realidad el pacto es entre el Padre y el Hijo; ya que el primero había prometido al segundo una herencia y un reino, que le dio al resucitarle de los muertos.

En el Salmo 40, Hebreos 10, Juan 17:4 y Gálatas 4:4, Dios revela el carácter anterior al advenimiento de la obra de Cristo sobre la tierra. Estas y otras muchas citas revelan claramente el plan o acuerdo eterno entre el Padre y el Hijo, que dio como resultado la redención.

Las promesas de Cristo al Padre:

La parte del Hijo en el acuerdo era la siguiente:

1. Preparar una morada adecuada y permanente para Dios en la tierra. El Señor jamás quedó satisfecho con el tabernáculo de Moisés, que era imagen de lo que habría de venir; ni con los templos de Salomón o Herodes. Dios deseaba un lugar de morada mutua y continua, para que todo el mundo pudiera contemplar y apreciar la gloria revelada. Por lo tanto, Jesucristo prepararía dicha morada: la iglesia; y también un cuerpo mediante el cual Dios pudiera llevar a cabo sus propósitos divinos en la tierra —Cristo mismo sería la cabeza de dicho cuerpo—, y que fuera perfecto y sin mácula, como lo fue el cuerpo original de Adán. Sin embargo, ese nuevo cuerpo sería mejor, ya que se compondría de millones de personas de todo el mundo y nunca desobedecería, puesto que la cabeza sería el Hijo de Dios.

2. El Hijo habría de dar el Espíritu Santo sin medida a la nueva familia en la tierra: la Iglesia. Anteriormente, el Espíritu había venido de un modo parcial sobre carne humana, haciendo que los hombres profetizaran, realizasen milagros y revelaran la naturaleza y la voluntad de Dios. Sin embargo, la nueva promesa daría el Espíritu en su plenitud. Concediéndo-

selo de esta forma a la humanidad redimida, la Iglesia podría tener suficiente gracia para llevar a cabo la voluntad de Dios; no por obligación, sino por deseo. El Espíritu Santo sería capaz asimismo de invertir los efectos del pecado en la naturaleza humana y adornaría al cuerpo de Cristo con belleza, fuerza y santidad.

3. El Hijo volvería a su Padre y se sentaría con El en el trono, desde donde intercedería por los que hacen su voluntad. De este modo, los efectos de haber herido a Satanás en la cabeza culminarían con la destrucción total del reino del diablo y la aniquilación de todo el mal de la tierra.

Las promesas del Padre a Cristo

1. El Padre libraría al Hijo del poder de la muerte. Otros habían muerto anteriormente y habían sido resucitados por algún tiempo; pero más tarde fallecieron también. Nadie, desde Adán hasta Cristo, había muerto y revivido para la eternidad. Al hacerlo, el Padre, no sólo resucitó al Hijo, sino que quebró el poder mismo de la muerte. Pablo considera el poderío de la muerte como el mayor que será destruido (véase 1 Corintios 15:26). Por lo tanto, al destruirse dicho poder, se le dio a Cristo toda autoridad en el cielo y en la tierra.

2. El Padre concedería a Cristo la facultad de dar el Espíritu Santo en plenitud a quien El quisiera. Al tener tal autoridad, éste podría capacitar a los miembros de su cuerpo para que hiciesen la voluntad de Dios.

3. El Padre sellaría y protegería, por medio del Espíritu Santo, a todo el que viniera a Cristo.

4. El Padre daría al Hijo una herencia compuesta por gente de todas las naciones de la tierra, y un reino o dominio eterno.

5. Como extensión de Cristo, la cabeza de la Iglesia, su cuerpo sería capaz de declarar a todos los principados y potestades la sabiduría eterna y multiforme del Padre, justificando para siempre la creación del amor de Dios: la humanidad.

La condición

La condición bajo la cual se estableció el pacto entre el Padre y el Hijo fue que este último vendría con la forma y la naturaleza humanas, sujeto a todas las tentaciones del hombre y sin apoyarse en su divinidad. Debía superar cada prueba del mismo modo que los hombres pueden hacerlo: por medio del Espíritu Santo. Cristo también se sometería a la muerte —incluso a la ignominiosa muerte de la cruz—; y derramaría su preciosa e inmaculada sangre, con la cual serían sellados para siempre los que creyeran en El.

Como segunda parte legal de este eterno y mejor pacto, y habiendo cumplido todas sus promesas, recibido aquellas del Padre, y satisfecho todas las condiciones, Cristo ha establecido ahora claramente la entrada que tenemos a Dios en oración.

Dicho de otro modo: contamos con el derecho legal de acercarnos al Padre.

¿Por qué es esto importante?

Satanás ya no tiene acceso a Dios para acusar al hombre como hizo en el libro de Job:

"Un día vinieron a presentarse delante de Jehová los hijos de Dios, entre los cuales vino también Satanás. Y dijo Jehová a Satanás: ¿De dónde vienes? Respondiendo Satanás a Jehová, dijo: De rodear la tierra y de andar por ella. Y Jehová dijo a Satanás: ¿No has considerado a mi siervo Job, que no hay otro como él en la tierra, varón perfecto y recto, temeroso de Dios y apartado del mal? Respondiendo Satanás a Jehová, dijo: ¿Acaso teme Job a Dios de balde? ¿No le has cercado alrededor a él y a su casa y a todo lo que tiene? Al trabajo de sus manos has dado bendición; por tanto, sus bienes han aumentado sobre la tierra. Pero extiende ahora tu mano y toca todo lo que tiene, y verás si no blasfema contra ti en tu misma presencia. Dijo Jehová a Satanás: He aquí, todo lo que tiene está en tu mano; solamente no pongas tu mano sobre él. Y salió Satanás de delante de Jehová" (Job 1:6–12).

Este relato revela que Satanás tenía acceso al cielo y podía acusar tanto a Dios como al justo Job. Acusaba a Dios al decirle que la única razón por la que Job le servía era que le había bendecido —el Señor no era justo—, y a Job al afirmar que podía maldecir a Dios si le quitaban todas sus posesiones. ¡Satanás es, y ha sido siempre, el gran acusador!

Cristo, que vio al diablo caer al principio (Lucas 10:18), revela un aspecto de su éxito redentor impidiendo la entrada de Satanás en el cielo. "Entonces oí una gran voz en el cielo, que decía: Ahora ha venido la salvación, el poder, y el reino de nuestro Dios, y la autoridad de su Cristo; porque ha sido lanzado fuera el acusador de nuestros hermanos, el que los acusaba delante de nuestro Dios día y noche. Y ellos le han vencido por medio de la sangre del Cordero y de la palabra del testimonio de ellos, y menospreciaron sus vidas hasta la muerte" (Apocalipsis 12:10, 11).

Por lo tanto, Satanás no tiene ya acceso a Dios, ni puede acusar a los creyentes continuamente como antes; sin embargo, todavía lanza sus acusaciones a nuestra mente: nos dice que no somos dignos de orar y que no tenemos derecho a llegarnos al trono de la gracia, donde puede proporcionársenos fortaleza en tiempos de necesidad. De modo que es sumamente importante, sobre todo cuando estamos batallando con el diablo en oración, que comprendamos que la eficacia de nuestras peticiones se basa en el pacto de sangre: *en la sangre vertida de Jesucristo.* Podemos llamar a Satanás mentiroso y padre de mentiras; superar cada pensamiento que no sea de Dios; atar toda palabra negativa, acusadora y de autodesprecio que nos venga a la mente con el objeto de destruir nuestra propia imagen. Podemos hacer esto porque el derecho legal a acceder a Dios ha sido comprado para nosotros.

Por lo tanto, ¡acérquese al Señor confiadamente! Si no ejerce usted su derecho legal a entrar en la presencia del Padre, está invalidando la obra expiatoria de Cristo en el Calvario. Pertenece usted al grupo íntimo y selecto al que se le ha dado acceso al trono de Dios. Es algo gratuito, pero no barato. Se le concede gratis, pero Jesús tuvo que pagar con su vida para que usted recibiera ese privilegio. ¿No va aprovechar lo que es suyo por derecho en el Señor?

La única arma con la que puede atacarnos Satanás es hacer que descuidemos lo que nos pertenece legítimamente en Cristo. El sólo sabe robar y destruir, pero conocemos a nuestro adversario, el diablo, y no nos engaña con sus ardides. ¡Somos más que vencedores por medio de Aquel que nos amó! ¡Amén!

Conclusiones:

¡PREPARESE A SER USADO POR DIOS!

Hace poco, sentí la carga de ayunar; y aunque mi programa era tal que necesitaba mi energía, no pude desatender la voz del Espíritu Santo. Me salté la cena con mi familia; a la mañana siguiente no desayuné; y a la hora de la comida supe que debía continuar con mi ayuno. El tener que hablar en una reunión de pastores por la mañana, a la Fraternidad de Hombres de Negocios por la tarde, y al Departamento de Misiones aquella noche, me puso a prueba físicamente; sin embargo, mi espíritu estaba animado sabiendo que Dios me dirigía. Por la noche entendí otra vez que debía ayunar. ¿Por qué me estaba el Señor guiando a hacerlo? No tenía respuesta; y no supe de ningún propósito hasta la mañana siguiente.

Por la mañana, mientras oraba, dije a Dios: "Amado Padre celestial, estoy disponible para lo que quieras. Aunque no comprendo exactamente qué deseas que haga, sé que estoy dispuesto, soy capaz, y me encuentro listo para obedecerte."

Al llegar a mi despacho, me encontré con que un matrimonio de la iglesia me estaba esperando.

—Pastor Cho —dijo la mujer, mostrando fatiga en la cara—, la noche pasada nuestra hijita perdió casi totalmente la vista. Estábamos cenando, y al tomar en su mano la cuchara nos dijo que no la veía.

Luego, sacando un pañuelo para enjugar las abundantes lágrimas que corrían por sus mejillas, continuó:

—Más tarde nos explicó que no podía ver tampoco sus calcetines ni sus zapatos. . . de modo que la llevamos a toda prisa al hospital.

Mientras seguía escuchando su historia, supe de repente por qué había estado ayunando.

—¿Y qué han dicho los médicos? —pregunté.

—Nos explicaron que tenía inflamado un nervio óptico que mostraba señales de deterioro; y después de un examen más minucioso, expresaron que su sistema nervioso central también estaba afectado y que quedaría paralítica de su región media.

Luego, la madre siguió describiendo el estado de la familia.

—Nos encontramos realmente asustados de que nuestra hija quede paralítica, o ciega, o incluso llegue a morir. Estamos de veras desanimados. ¿Qué nos aconseja que hagamos, pastor Cho?

Les expliqué que oraría por la niña y la visitaría en el hospital. Pude darles garantías en fe, ya que sabía que el Espíritu Santo me había estado preparando para esa batalla con Satanás por medio de la oración y el ayuno.

A la mañana siguiente, entré en la habitación que la niña ocupaba en el hospital. Me informaron que durante la noche su estado había mejorado. Gracias a que mi fe se había visto edificada por medio del ayuno, me fue posible orar con gran confianza, atando a toda fuerza maligna que trataba de destruir a esa hija de Dios. Los médicos se quedaron asombrados de la rápida recuperación que experimentó la niña como resultado de la oración de fe. Ahora esa niña está sana por la gracia y la misericordia de Dios.

¿Por qué comparto con usted esta historia?

Dios está buscando hombres y mujeres para que sean su fuerza especial de emergencia en el combate contra los ejércitos del diablo. El Espíritu Santo necesita voluntarios que estén en estado de alerta siempre que haya una crisis. He dicho al Espíritu que quisiera formar parte de esa fuerza especial de voluntarios espirituales.

Nos encontramos en un momento crucial de la historia de la Iglesia. El enemigo sabe que la hora es avanzada y se cierne para atacar a cada familia, iglesia y organización cristiana. Dios nos ha asignado el papel de sal de la tierra. ¿Cumpliremos con nuestra responsabilidad o haremos caso omiso a las señales de los tiempos?

Mi propósito al compartir con usted estos pocos principios bíblicos y experiencias personales, es motivarle para que comience a orar. Todavía no es demasiado tarde para empezar una vida de oración. Si desea usted un avivamiento, sepa que nunca ha habido, ni hay en la actualidad, atajos para conseguirlo. La única clave es la oración. No obstante, el avivamiento debe comenzar en usted y en mí. ¡Permita que el Espíritu Santo encienda su vida con la llama de la fe! Deje que esa chispa se extienda por toda su iglesia, provocando un fuego que con el tiempo abarque la ciudad donde vive, su estado y la nación entera. ¡Qué comience ahora! Si no comienza ahora, ¿cuándo va a comenzar? ¿Con quién comenzará si no es con usted? ¿Y dónde sino en su país?

Por favor, ore conmigo: "Amado Espíritu Santo, lléname ahora de tu poder. Hazme desear una vida de oración. Ayúdame a ver la necesidad que hay, y a alistarme como voluntario en tu ejército de oración. Pido esto en el nombre de Jesucristo el Señor. ¡Amén!

¿Cómo contestaría usted esta pregunta?

¿Debe meditar el creyente?

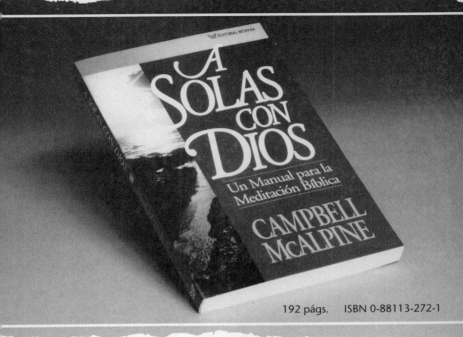

192 págs.   ISBN 0-88113-272-1

En este libro, que consta de dos partes, se presenta un estudio exhaustivo de lo que dice la Palabra de Dios sobre la meditación bíblica. La primera parte explora las verdades fundamentales de la meditación bíblica y presenta los requisitos esenciales para una meditación eficaz de la Palabra de Dios.

La segunda parte ofrece instrucciones detalladas para meditar en la Palabra de Dios y para pasar tiempo a solas con el Señor. Al final de cada capítulo de esta sección se ofrece un ejercicio para aplicar las verdades aprendidas.

A Solas con Dios es un libro excelente para estudio bíblico personal o en grupo.

EDITORIAL ✤ BETANIA

¿Es posible tener Amistad Íntima con Dios?

¿Es éste un concepto nuevo que tal vez nos asusta un poco?

112 págs.   ISBN 0-88113-019-2

Mucha gente cree que Dios es el Creador del universo, pero muy pocos experimentan la relación maravillosa con Él que lleva a la intimidad. Y esa relación comienza cuando el temor de Dios está presente en nuestra vida.

Al oír la palabra temor, muchas veces la relacionamos con un sentimiento negativo. Pero el temor de Dios de que nos habla Joy Dawson es una actitud positiva que debe llevarnos a odiar el pecado y a respetar la santidad de Dios.

Para llegar a la amistad íntima con Dios hay un precio que pagar, pero las recompensas que recibiremos serán inmensurables.

EDITORIAL ❦ BETANIA

¿Ha deseado alguna vez tener una vislumbre de la mente de Dios?

224 págs.   ISBN 0-88113-043-5

En *¿Qué Sucede Cuando Dios Responde a Nuestras Oraciones?*, Evelyn Christenson expresa que es posible saber lo que piensa el omnisciente Dios del universo examinando las respuestas que El da a sus oraciones.

La mayoría de las personas cuando recibe una respuesta a la oración da el caso por concluido. Pero no es así para Dios quien con su respuesta abre el telón a un nuevo escenario de acción de cosas grandes y ocultas que no conocemos.

Este libro no sólo le ayudará a conocer mejor a Dios, sino que le enseñará cómo alcanzar una nueva dimensión en su vida de oración.

"Este es uno de esos pocos libros que dice algo acerca de cómo es Dios."

Charles Colson

Lo último en novedades

368 págs.   ISBN 0-88113-022-2

Al alcance de su mano, un novedoso tesoro de inspiración y aliento para usar sobre su escritorio, escaparate, mesa o donde usted desee. Este libro devocional contiene, para cada día del año, un versículo bíblico y una selección inspiradora del "best-seller" *Manantiales en el Desierto*.

- *Esmerada presentación con una base tipo atril.*
- *Armado con espiral de plástico de colores.*
- *Práctico, con una página para cada día.*
- *Un regalo ideal para toda ocasión.*

Puede comprar este libro hoy mismo y comenzar a usarlo inmediatamente. Puesto que está fechado sólo con el mes y el día, podrá usarlo año tras año.

EDITORIAL ✦ BETANIA